华语

Conversational Mandarin

第一册
Book One

菜
佛士
书社

莱佛士书社是SNP出版私营有限公司的出版标记

© **SNP Publishing Pte Ltd**
162 Bukit Merah Central #04-3545
Singapore 150162

初　　版　　1979年
重　　印　　1980年(5次)、1981年、1982年、1983年、
　　　　　　1985年、1986年、1987年(2次)、1989年、
　　　　　　1990年、1991年、1995年、1996年、1997年、
　　　　　　1998年

ISBN 9971 0 0026 1

Printed by South East Printing Pte Ltd

前 言

《华语会话》课本共分四册。这是第一册的课本。本书是专为那些响应"推广华语"运动而学习华语的公务人员编写的。

本书所用的文字力求浅白，简单易懂，而且限于大约一千个常用的词语范围之内。凡修完这四册课文的人，将有足够的能力以进行简单的华语会话。本书也适合各界人士作华语会话进修之用。

本书的顺利完成，曾得到许多人士的协助和贡献，我要在这里代表文化部向他们致谢，尤其是下列人士：－

㈠负责设计和编写课文的四位教官胡林生、杨秀钦、符儒翰和李清荣先生；

㈡对课程提供宝贵意见的南洋大学华语研究中心主任卢绍昌先生、新加坡大学中文系主任林徐典教授和教育学院中文系主任梁荣基先生；

㈢为课程配音的广播电台职员；

㈣负责协调工作的文化部副处长陆伟煜先生。

文化部常任秘书

郑东发

一九七九年十二月一日

华语会话(第一册)
说　明

1. 这本《华语会话》（第一册）是专为没有华文、华语背景的公务人员编纂的读本。

2. 《华语会话》（第一册）的课文内容都是熟悉的日常生活课题，编写时力求口语化和趣味化，以提高学习的兴趣。

3. 《华语会话》（第一册）的课文内容都用汉语拼音拼写，并附有华文和英文翻译对照。

4. 《华语会话》（第一册）的词和词组共384个，日常用语95个，其中地名7个，叹词和词尾12个。

5. 为了巩固华语词汇的学习，所有词儿都加以连写，但为了阅读的方便，双音节和多音节的词儿，都在音节间加横线。

6. 除了课文之外，《华语会话》（第一册）每篇还附有"句型"和"问答"的练习。"句型"在于使学者熟悉课文中某种句子的结构；"问答"在于提供"问"与"答"的不同形式和变化。

PREFACE

This is the first of a four-part series of conversational Mandarin lessons designed for officers in the public service who wish to learn the language in response to the Speak More Mandarin and Less Dialects Campaign.

The lessons in this series are based on one thousand words in common use. Those who complete all the four parts will acquire sufficient knowledge to conduct simple conversation in Mandarin. This book is also suitable for anyone outside the public service interested in learning or improving conversational Mandarin.

On behalf of the Ministry of Culture, I thank the many individuals who contributed in one way or another to the successful completion of this book. In particular,

(a) the four Education Officers, Woo Lam Sang, Yeo Siew Khin, Foo Jee Han and Lee Cheng Eng, who designed and developed the course;

(b) Mr Loo Shaw Chang, Head, Chinese Language Centre, Nanyang University; Professor Lim Chee Then, Head, Department of Chinese Studies, University of Singapore; and Mr Leong Weng Kee, Head, Chinese Studies Department, Institute of Education, for their advice;

(c) the Department of Broadcasting Staff for voice recording the course; and

(d) Mr Michael Loke, Deputy Director, Ministry of Culture, for coordination.

1 DECEMBER 1979

CHENG TONG FATT
PERMANENT SECRETARY
MINISTRY OF CULTURE

CONVERSATIONAL MANDARIN (BOOK I)

Explanatory Notes

1 This book is specially designed for officers in the public service without a Chinese language background.

2 The topics included are common ones pertaining to daily life. Every effort has been made to make them colloquial, interesting and easy to learn.

3 Words and expressions are given in Hanyu Pinyin and they are accompanied by English translations.

4 There are altogether 384 words and word compounds and 95 common expressions, of which 7 are names of places and 12 are interjections and final particles.

5 To facilitate the learning of Mandarin vocabulary, all compound words are written as single words. But for easy pronunciation, all bi-syllable and multi-syllable compound words are separated by hyphens.

6 At the end of each lesson are sections on Sentence Patterns and Questions and Answers. The former is to familiarise readers with the particular kinds of sentence structure used in the text and the latter provides variations in the different forms of questions and answers.

目 录

第一课　学华语

Dì-yī Kè　Xué Huá-yǔ

Lesson 1　Learning Mandarin

I. Cí Hé Cí-zǔ
词和词组　　Words and Word Compounds

nǐ
1. 你　　You

hǎo
2. 好　　Fine

mǎ
3. 吗　　Interrogative particle

wǒ
4. 我　　I

hěn
5. 很　　Very

ně
6. 呢　　Interrogative and emphatic particle

zài
7. 在　　At

dě
8. 的　　A structural particle

1

9.	shì 是	To be
10.	yě 也	Also
11.	yào 要	Want
12.	xué 学	Learn
13.	xiān-shěng 先 生	Mr.
14.	nǎr 哪儿	Where
15.	zuò shì 做 事	Work
16.	yīng-xiào 英 校	English school
17.	jiāo shū 教 书	Teach
18.	yīng-wén 英 文	English language
19.	huá-wén 华 文	Chinese language

	huá-yǔ	
20.	华语	Mandarin

	bù máng	
21.	不忙	Not busy

II. Rì-cháng Yòng-yǔ
日 常 用 语   Common Expressions

	nǐ hǎo mǎ	
1.	你好吗	How are you ?

	hǎo jí-le	
2.	好极了	Excellent

	hǎo-de	
3.	好的	Yes; all right

	xiè-xiè nǐ	
4.	谢谢你	Thank you

	bié kè-qi	
5.	别客气	Don't mention it

	nǐ hǎo bù hǎo	
6.	你好不好	How are you ?

III. Duì-huà
对 话   Dialogue

Lǐ: Wáng xiān-shēng, nǐ hǎo mǎ ?

李: 王 先 生，你好吗 ?

Li: Mr Wang, how are you ?

3

Wáng: Wǒ hěn hǎo, nǐ ne ?

王：   我 很 好，你 呢 ?

Wang: I am fine. How about you ?

Lǐ: Hěn hǎo.

李：   很 好。

Li: I am fine too.

Wáng: Lǐ xiān-shēng, nǐ zài   nǎr   zuò shì ?

王：   李 先 生，你 在 哪 儿 做 事 ?

Wang: Where do you work, Mr Li ?

Lǐ: Wǒ zài yīng-xiào jiāo shū.

李：   我 在 英 校 教 书。

Li: I teach in an English school.

Wáng: Nǐ jiāo de shǐ yīng-wén ma ?

王：   你 教 的 是 英 文 吗 ?

Wang: Do you teach English ?

Lǐ: Bù! Wǒ jiāo de shǐ huá-wén.

李：   不！我 教 的 是 华 文。

Li: No! I teach Chinese.

Wáng: Hǎo jí-le! Wǒ yě yào xué huá-yǔ, nǐ jiāo wǒ hǎo ma ?

王：   好 极 了！我 也 要 学 华 语，你 教 我 好 吗 ?

Wang: Excellent! I also want to learn Mandarin. Can
        you teach me ?

4

Lǐ: Hǎo-de.

李：   好的。

Li: Yes.

Wáng: Xiè-xiè nǐ.

王：   谢谢你。

Wang: Thank you.

Lǐ: Bié kè-qì.

李：   别客气。

Li: Don't mention it.

IV. Liàn-xí

练 习   **Practice**

A. Jù-xíng

句 型   **Sentence Patterns**

(1)

nǐ 你 wǒ 我	zuò shì 做 事 jiāo shū 教 书 xué huá-yǔ 学 华语

5

(2)

nǐ 你	zài 在	xué-xiào 学校	zuò shì 做事
		yīng-xiào 英校	jiāo shū 教书
wǒ 我		huá-xiào 华校	xué huá-yǔ 学华语

B. Wèn-dá

问 答　　　**Questions and Answers**

(1)　Wáng xiān-shěng, nǐ hǎo bǔ hǎo ?

　　王　先　生，你 好 不 好？

How are you, Mr Wang ?

Xiè-xiě nǐ, wǒ hěn hǎo.

谢 谢 你，我 很　好。

I am fine. Thank you.

(2)　Lǐ xiān-shěng, nǐ máng bǔ máng ?

李先　生，你 忙 不 忙？

Are you busy, Mr Li ?

Wǒ bù máng, nǐ ně ?

我 不　忙，你 呢？

I am not busy. What about you ?

Dì-èr Kè　　Nín Guì-xìng
第二课　您　贵　姓
Lesson 2　What Is Your Name?

I. Cí Hé Cí-zǔ
词和词组　　Words and Word Compounds

nín
1. 您　　Polite form for "you"

shuō
2. 说　　Say; speak

de
3. 得　　A structural particle

zǒu
4. 走　　Go; leave

xiǎo-jiě
5. 小姐　　Miss

tài-tai
6. 太太　　Mrs

kě-shì
7. 可是　　But; however

yǒu shì
8. 有事　　To have something on

wǒ-men
9. 我们　　　　We

zài-jiàn
10. 再见　　　　See you again

Huá rén
11. 华人　　　　Chinese

Guǎng-dōng rén
12. 广东人　　　Cantonese

Fú-jiàn rén
13. 福建人　　　Hokkien

yì-diǎnr
14. 一点儿　　　A little

II. Rì-cháng Yòng-yǔ
日常用语　　Common Expressions

shì-de
1. 是的　　　　Yes

shì bù shì
2. 是不是　　　Is it ?

huì bù huì
3. 会不会　　　Do you; can you

bú tài hǎo
4. 不太好　　　Not very well

duì-bù-qǐ

5. 对不起　　　　Sorry

qǐng-wèn guì-xìng

6. 请问贵姓　What is your name, please ?

III. Duì-huà
对话　　　　　Dialogue

Liáng xiǎo-jiě:　Qǐng-wèn nín guì-xìng ?
梁 小 姐：　请 问 您 贵 姓 ?
Miss Liang:　What is your name, please ?

Chén tài-tǎi:　Wǒ xìng Chén.
陈 太 太：　我 姓 陈。
Mrs Chen:　I am Mrs Chen.

Liáng xiǎo-jiě:　Nín shì bù shì Guǎng-dōng rén ?
梁 小 姐：　您 是 不 是 广 东 人 ?
Miss Liang:　Are you a Cantonese ?

Chén tài-tǎi:　Bú shì, wǒ shì Fú-jiàn rén.
陈 太 太：　不 是，我 是 福 建 人。
Mrs Chen:　No, I am a Hokkien.

Liáng xiǎo-jiě:　Nín huì bù huì shuō huá-yǔ ?
梁 小 姐：　您 会 不 会 说 华 语 ?
Miss Liang:　Do you speak Mandarin ?

9

Chén tài-tai: Huì shuō yì-diǎnr, kě-shì shuō de bú tài hǎo.

陈 太 太： 会 说 一点儿，可是 说 得 不 太 好。

Mrs Chen: I speak a little Mandarin, but not very well.

Liáng xiǎo-jiě: Nín tài kè-qi le

梁 小 姐： 您 太 客气 了。

Miss Liang: You are too modest.

Chén tài-tai: Duì-bu-qǐ, wǒ yǒu shì yào zǒu le.

陈 太 太： 对 不 起，我 有 事 要 走 了。

Mrs Chen: Excuse me, I have to leave to attend to some matters.

Liáng xiǎo-jiě: Wǒ yě yào zǒu le. Zài-jiàn.

梁 小 姐：我 也 要 走 了。 再 见。

Miss Liang: Me too. Hope to see you again.

Chén tài-tai: Zài-jiàn.

陈 太 太： 再 见。

Mrs Chen: Good-bye.

IV. Liàn-xí
练习   **Practice**

A. Jù-xíng
句型   **Sentence Patterns**

(1)

		Huá rén 华 人
nǐ 你	shì bǔ shǐ 是 不 是	Guǎng-dōng rén 广 东 人
		Fú-jiàn rén 福 建 人

(2)

nín 您	huì bǔ huì 会 不 会	shuō 说 jiāo 教	huá-yǔ 华 语 yīng-yǔ 英 语

B. Wèn-dá
问 答   **Questions and Answers**

(1) Chén xiān-shěng shǐ Fú-jiàn rén mǎ ?

陈 先 生 是 福 建 人 吗?

Are you a Hokkien, Mr Chen?

11

Shì-de, wǒ shǐ Fú-jiàn rén.

是的，我是福建人。

Yes, I am a Hokkien.

(2) Liáng xiǎo-jiě huì shuō huá-yǔ mǎ ?

梁 小 姐 会 说 华语吗？

Do you speak Mandarin, Miss Liang ?

Huì, wǒ huì shuō huá-yǔ.

会，我 会 说 华语。

Yes, I speak Mandarin.

(3) Wáng xiān-shěng yǒu shì shǐ mǎ ?

王 先 生 有事是吗？

Have you got something to attend to, Mr Wang ?

Shì-de, wǒ yǒu yì-diǎnr shì.

是的，我 有 一 点 儿 事。

Yes, I have something to attend to.

V. Hàn-yǔ Pīn-yīn Liàn-xí   Pronunciational Drills
汉 语 拼音 练 习   with Pinyin.

a	ā	á	ǎ	à
o	ō	ó	ǒ	ò
e	ē	é	ě	è

Dì-sān Kè Shù-zì Hé Nián Yuè Rì
第三课 数字和年月日
Lesson 3 Figures And Dates

I. Cí Hé Cí-zǔ
词和词组   **Words and Word Compounds**

cóng
1. 从   Since

dào
2. 到   Up to

jǐ
3. 几   How many

wǎ
4. 哇   Exclamation

qù
5. 去   Go

shù-zì
6. 数字   Figure

duō jiǔ
7. 多久   How long

lǎo-shī
8. 老师   Teacher

9.
kāi-shǐ
开始
Since; beginning from

10.
xiàn-zài
现在
Now

11.
yǐ-jīng
已经
Already

12.
nǐ-mén
你们
You (plural form)

13.
jià-qī
假期
Vacation; leave

14.
gōng-zuò
工作
Work; job

15.
měi nián
每 年
A year; each year

16.
zhǐ yǒu
只 有
Only

17.
xīn-shuǐ
薪 水
Salary

18.
bú-guò
不过
However

19.
hái-shǐ
还 是
Still

	duō-shǎo	
20.	多少	How much

	měi gè yuè	
21.	每个月	A month; each month

	xīng-qī-rì	
22.	星期日	Sunday
	(lǐ-bài-tiān)	
	（礼拜 天）	

	yì-liǎng-qiān-kuài qián	
23.	一两 千 块 钱	One or two thousand dollars

	líng yī èr sān sì wǔ liù	
24.	零一二三四五六	0,1,2,3,4,5,6,
	qī bā jiǔ shí bǎi qiān	
	七八九十百千	7,8,9,10,100,1000

II. Rì-cháng Yòng-yǔ
日 常 用 语   Common Expressions

	duō hǎo å	
1.	多 好 啊	How nice

	nǐ cuò le	
2.	你错了	You are wrong

	kàn-qǐ-lái	
3.	看起来	It appears that

4. 不 轻 松 啊   No easy task

III. Duì-huà
对 话   **Dialogue**

Lín xiān-shēng: Fāng lǎo-shī, nǐ jiāo shū duō jiǔ lě?

林 先 生： 方 老师，你 教 书 多 久 了？

Mr Lin: Mr Fang, how long have you been teaching?

Fāng lǎo-shī: Wǒ cóng yī-jiǔ-liù-wǔ-nián kāi-shǐ jiāo

方 老师： 我 从 一九六五 年 开始 教

shū, dào xiàn-zài yǐ-jīng yǒu shí-sì nián lě.

书，到 现 在已经 有 十四 年 了。

Mr Fang: I have been teaching since 1965.
Up to now, it is already fourteen years.

Lín xiān-shēng: Nǐ-měn yì-nián yǒu jǐ-gě yuè dě jià-qī?

林 先 生： 你 们 一年 有 几 个 月 的 假期？

Mr Lin: How many months of vacation do you have a year?

Fāng lǎo-shī: Sān-gě yuè.

方 老师： 三 个 月。

Mr Fang: Three months.

16

Lín xiān-shēng: Wā! Duō hǎo a! Wǒ gōng-zuò-le shí-qī-bā

林 先 生：　哇！多 好 啊！我 工 作 了 十 七 八

nián, měi nián zhǐ yǒu èr-shí-yī tiān de

年， 每 年 只 有 二 十 一 天 的

jià-qī.

假 期。

Mr Lin: Wow! How nice! I have been working
               for seventeen to eighteen years and
               yet I have only 21 days of vacation leave
               a year.

Fāng lǎo-shī: Kě-shì, nǐ de xīn-shuǐ měi ge yuè yǒu

方 老 师：　可 是，你 的 薪 水 每 个 月 有

yì-liǎng-qiān-kuài qián a!

一 两 千 块 钱 啊！

Mr Fang: But you are drawing a substantial
               salary of one to two thousand dollars
               a month!

Lín xiān-shēng: Bú-guò, nǐ-men měi xīng-qī zhǐ gōng-zuò

林 先 生：　不 过，你 们 每 星 期 只 工 作

wǔ tiān.

五 天。

Mr Lin: However, you teachers work only five
               days a week.

Fāng lǎo-shī: Lín xiān-shēng, nǐ cuò le, xīng-qī-liù wǒ-men

方 老师：   林 先 生，你错了，星 期六我 们

hái-shǐ yào dào xué-xiào qù gōng-zuò de

还 是 要 到 学 校 去 工 作 的。

Mr Fang: You are wrong, Mr Lin. We still have to go
            back to school to work on Saturdays.

Lín xiān-shēng: Kàn-qǐ-lai nǐ-men de gōng-zuò yě bù

林 先 生：看 起来你 们 的 工 作也不

qīng-sōng a!

轻 松 啊！

Mr Lin: It appears that your job is no easy task!

IV. Liàn-xí

练 习   **Practice**

A. Jù-xíng

句 型   **Sentence Patterns**

gōng-zuò

工 作

qù gōng-zuò

去 工 作

yào qù gōng-zuò

要 去 工 作

hái-shǐ yào qù gōng-zuò

还 是 要 去 工 作

18

xīng-qī-liù hái-shǐ yào qù gōng-zuò
星 期 六 还 是 要 去 工 作

wǒ-men xīng qī-liù hái-shǐ yào qù gōng-zuò
我 们 星 期 六 还 是 要 去 工 作

B. Wèn-dá
问 答   **Questions and Answers**

1. Wú xiān-shěng, nǐ měi nián yǒu duō-shǎo tiān de
   吴 先 生，你 每 年 有 多 少 天 的

   jià-qī ?
   假期 ?

   Mr Wu, how many days of vacation leave do you
   have in a year ?

   zhǐ yǒu liǎng-gè lǐ-bài.
   只 有 两 个 礼拜。

   Only two weeks.

2. Lǐ xiān-shěng, nǐ měi gè yuè ná duō-shǎo qián de
   李 先 生，你 每 个 月 拿 多 少 钱 的

   xīn-shuǐ ?
   薪 水 ?

   Mr Li, how much salary do you draw a month?

19

Bù duō yě bù shǎo, zhǐ yǒu wǔ-bǎi-líng-wǔ-kuài.

不 多 也 不 少 ，只 有 五 百 零 五 块 。

Exactly $505 only.

3. Wáng xiān-shēng, nǐ měi xīng-qī gōng-zuò duō-shǎo

王 先 生 ，你 每 星 期 工 作 多 少

天 ？

tiān ?

How many days a week do you work, Mr Wang ?

Liù tiān.

六 天 。

Six days.

Dì-sì Kè   Nín Jiā-lǐ Yǒu Xiē Shén-me Rén
第四课   您 家 里 有 些 什 么 人
Lesson 4   Who Are The Members Of
Your Family?

I. Cí Hé Cí-zǔ
   词 和 词 组   **Words and Word Compounds**

xiē
1. 些   Some

nǎ
2. 哪   Final particle

hé
3. 和   And

tā
4. 他（她）   He (she)

bāng
5. 帮   Help

xiǎng
6. 想   Thinking

jiā-lǐ
7. 家里   In the family; at home

shén-me
8. 什么   What

9.	hái yǒu 还 有	And
10.	hái-zi 孩子	Children
11.	bà-bà 爸爸	Father
12.	mā-mǎ 妈 妈	Mother
13.	dì-dǐ 弟弟	Younger brother
14.	gē-gě 哥哥	Elder brother
15.	jiě-jiě 姐姐	Elder sister
16.	mèi-měi 妹 妹	Younger sister
17.	méi yǒu 没 有	Not have
18.	Měi-guó 美 国	United States
19.	shū-shǔ 叔 叔	Uncle

II. Rì-cháng Yòng-yǔ
日　常　用语　Common Expressions

zhù zài yí-kuàir
1 住 在 一块 儿　Lives with

yuán-lái shì zhè-yàng
2. 原 来 是 这 样　I see

III. Duì-huà
对 话　Dialogue

Liáng tài-tài: Chén xiān-shěng, nín jiā-lǐ yǒu xiē shén-

梁 太太： 陈 先　生，您家里有 些 什

mě rén nǎ?

么 人 哪？

Mrs Liang:　Who are the members of your family, Mr Chen?

Chén xiān-shěng: Wǒ jiā-lǐ yǒu sì-gě rén, wǒ hé wǒ tài-tài,

陈 先　生：我家里有四个人，我和我 太 太，

hái yǒu liǎng-gě hái-zǐ.

还 有 两 个孩子。

Mr Chen:　There are four members in my family, myself, my wife and two children.

Liáng tài-tai:	Nǐ dẻ bà-ba mā-ma ne?
梁　太太：	你的爸爸妈妈呢？
Mrs Liang:	What about your father and mother?

Chén xiān-shẻng:	Wǒ dẻ bà-ba hé wǒ dì-dỉ zhù zài yí-kuàir.
陈　先　生：	我的爸爸和我弟弟住在一块儿，
	wǒ dẻ mā-ma hé wǒ gē-gẻ zhù zài yí-kuàir.
	我的妈妈和我哥哥住在一块儿。
Mr Chen:	My father lives with my younger brother while my mother lives with my elder brother.

Liáng tài-tai:	Nǐ dẻ jiẻ-jiẻ hé mèi-mẻi ne?
梁　太太：	你的姐姐和妹妹呢？
Mrs Liang:	Mr Chen, how about your elder sister and younger sister?

Chén xiān-shẻng:	Wǒ méi yǒu jiẻ-jiẻ, zhǐ yǒu yí-gẻ mèi-mẻi,
陈　先　生：	我没有姐姐，只有一个妹妹，
	tā yǐ-jīng qù-lẻ Měi-guó.
	她已经去了美国。
Mr Chen:	I have no elder sister but one younger sister. She has gone to the United States.

24

Liáng tài-tǎi: Tā zěn-me huì qù Měi-guó dě ně?

梁　太太：　她怎么会去美国的呢？

Mrs Liang: Why did she go to the United States?

Chén xiān-shēng: Wǒ yǒu yí-gě shū-shǔ zài Měi-guó, wǒ

陈　先　生：　我有一个叔叔在美国，我

mèi-mèi　shǐ qù bāng tā zuò shì dě.

妹妹是去帮他做事的。

Mr Chen: I have an uncle in the United States.
My younger sister has gone there to
help him in his business.

Liáng tài-tǎi: Yuán-lái shǐ zhè-yǎng.

梁　太太：　原来是这样。

Mrs Liang: I see.

IV. Liàn-xí

练习　　　　　　　Practice

A. Jù-xíng

句型　　　　　　Sentence Patterns

shū-shǔ máng

叔叔忙

shū-shǔ hěn máng

叔叔很忙

shū-shǔ shuō tā hěn máng

叔 叔 说 他 很 忙

shū-shǔ shuō tā xiàn-zài hěn máng

叔 叔 说 他 现 在 很 忙

B. Wèn-dá
问 答   Questions and Answers

(1)   Liáng xiǎo-jiě zài zuò shén-me ?

梁 小 姐 在 做 什 么 ?

What is Miss Liang doing ?

     Tā zài xué huá-yǔ.

她 在 学 华 语。

She is learning Mandarin.

(2)   Chén xiān-shěng zài kàn shén-me ?

陈 先 生 在 看 什 么 ?

What is Mr Chen reading ?

     Tā zài kàn yīng-wén shū.

他 在 看 英 文 书。

He is reading an English book.

(3)　Lín tài-tài zài xiǎng shén-me ?

林 太太 在 想 什么 ?

What is Mrs Lim thinking ?

Tā zài xiǎng tā de hái-zǐ.

她 在 想 她的孩子。

She is thinking about her children.

V. Hàn-yǔ Pīn-yīn Liàn-xí
汉 语 拼 音 练 习

Pronunciational Drills with Pinyin.

i	ī	í	ǐ	ì
u	ū	ú	ǔ	ù
ü	ǖ	ǘ	ǚ	ǜ

Dì-wǔ Kè
第 五 课
Lesson 5

Shàng-bān Hé Xià-bān
上　班 和 下　班
Going To Office And After Office

I. Cí Hé Cí-zǔ
词 和 词 组

Words and Word Compounds

	chí	
1.	迟	Late

	jiù	
2.	就	Already

	nà	
3.	那	Then; in that case

	ài	
4.	唉	Exclamation

	hái	
5.	还	Still

	chī	
6.	吃	Eat

	bǎ	
7.	吧	Final particle

	shàng-bān	
8.	上　班	Going to office

28

9.	xià-bān 下 班	After office
10.	jīn-tiān 今 天	Today
11.	zěn-me 怎 么	How; why
12.	zhōng-tóu 钟 头	Hour
13.	zǎo-shǎng 早 上	Morning
14.	qǐ-shēn 起 身	Woke up
15.	chē-zǐ 车 子	Car
16.	bàn-lù 半 路	Halfway
17.	yǐ-wéi 以 为	Thought (verb)
18.	bìng-dǎo 病 倒	Ill; sick
19.	yǐ-hòu 以 后	After

wǎn-cān
20. 晚 餐　　　Dinner

wǎn-shǎng
21. 晚 上　　　At night

diàn-shì
22. 电 视　　　Television

wèi-shén-me
23. 为 什 么　　　Why

II. Rì-cháng Yòng-yǔ

日　常　用　语　　**Common Expressions**

lái-bù-jí
1. 来 不 及　　　Too late

zhēn dǎo-méi
2. 真 倒 霉　　　What bad luck

xiǎng-bù-dào
3. 想 不 到　　　Did not expect; unexpectedly

kāi wán-xiào
4. 开 玩 笑　　　Joking

chū-le máo-bìng
5. 出 了 毛 病　　　Broke down; went wrong

III. Duì-huà

对 话　　　　　Dialogue

Wáng: Lǎo-Chén, nǐ jīn-tiān zěn-me chí-lě yí-ge zhōng-tóu?

王：　老　陈，你今 天 怎 么 迟了一个 钟 头？

Wang: Chen, why were you one hour late today?

Chén: Lǎo-Wáng, wǒ zǎo-shàng liù-diǎn jiù qǐ-shēn lě.

陈：　老　王，我早 上 六点 就起身 了。

Chen: Wang, I was up as early as six this morning.

Wáng: Nà nǐ wèi-shén-me lái-bù-jí shàng-bān ně?

王：　那你为 什 么 来不及上　班呢？

Wang: Then why are you late in coming to the office?

Chén: Ài! Zhēn dǎo-méi! Xiǎng-bù-dào chē-zǐ zài

陈：　唉！真 倒 霉！想 不 到 车子在

bàn-lù shàng chū-lě máo-bìng.

半 路 上 出了毛 病。

Chén: What bad luck! I did not expect the car
to break down halfway.

Wáng: Wǒ hái yǐ-wéi nǐ bìng-dǎo lě.

王：　我还以为你病 倒了。

Wang: I thought you were ill.

31

Chén: Bié kāi wán-xiào le.

陈： 别 开 玩 笑 了。

Chen: Let's stop joking.

Wáng: Lǎo-Chén, jīn-tiān xià-bān yǐ-hòu, wǒ-men yí-kuàir qù

王： 老 陈，今 天 下 班 以 后，我 们 一 块 儿 去

chī wǎn-cān hǎo mǎ ?

吃 晚 餐 好 吗 ?

Wang: Chen, shall we go for dinner after office today ?

Chén: Duì-bu-qǐ, jīn-tiān wǎn-shǎng wǒ yào kàn diàn-shì,

陈： 对 不 起，今 天 晚 上 我 要 看 电 视，

xià cì zài qù ba!

下 次 再 去 吧 !

Chen: Sorry. I want to watch television tonight.

Let's go some other time!

IV. Liàn-xí
练 习
Practice

A. Jù-xíng
句 型
Sentence Patterns

wǒ 我 tā 他	zǎo-shǎng 早 上	qī-diǎn-bàn 七 点 半	qǐ-shēn 起 身 shàng-bān 上 班

(1)　Nǐ jīn-tiān wèi-shén-me chí-dào ?

你 今 天 为 什 么 迟 到 ?

Why were you late today ?

Wǒ dě chē-zǐ chū-lě máo-bìng.

我 的 车 子 出 了 毛 病。

My car broke down.

(2)　Nǐ jīn-tiān wèi-shén-me bú shàng-bān ?

你 今 天 为 什 么 不 上 班 ?

Why didn't you go to work today?

Wǒ jiā-lǐ yǒu shì.

我 家 里 有 事。

I had something to attend to at home.

(3)　Nǐ jīn wǎn wèi-shén-me bú yào lái ?

你 今 晚 为 什 么 不 要 来 ?

Why can't you come tonight ?

Wǒ yào kàn diàn-shì.

我 要 看 电 视。

I want to watch television.

33

Dì-lìù Kè Jiè-shǎo Péng-yǒu
第六课 介绍 朋友
Lesson 6 Introducing Friends

I. Cí Hé Cí-zǔ
词和 词组 **Words and Word Compounds**

	ràng	
1.	让	(To) let
	gěi	
2.	给	To; give
	dāng	
3.	当	As
	xiǎo	
4.	小	Small; junior
	jiè-shǎo	
5.	介绍	Introduce
	péng-yǒu	
6.	朋友	Friend
	fú-wù	
7.	服务	Working; serving
	yín-háng	
8.	银行	Bank
	zhí-yuán	
9.	职员	Employee; staff member

yuē-hǎo
10. 约 好   Agreed

zhèng-fǔ bù-mén
11. 政 府 部 门   Government department

II. Rì-cháng Yòng-yǔ
日 常 用 语   Common Expressions

hǎo wa
1. 好 哇   Yes please; all right

zhè wèi shì....
2. 这 位 是······   This is ....

chī gě biàn-fàn
3. 吃 个 便 饭   Have a simple meal

III. Duì-huà
对 话   Dialogue

Wáng: Lǐ xiān-shěng, ràng wǒ gěi nǐ jiè-shǎo yí-wèi péng-yǒu.

王：   李 先 生 ，让 我 给 你 介 绍 一 位 朋 友。

Wang: Mr Li, let me introduce you a new friend.

Lǐ: Hǎo wa!

李 ：   好 哇！

Li: Yes, please.

35

Wáng: Zhè wèi shǐ Huáng xiǎo-jiě; zhè wèi shǐ Lǐ xiān-shěng.

王: 这 位 是 黄 小 姐；这 位 是 李先 生。

Wang: This is Miss Huang; and this is Mr Li.

Lǐ: Huáng xiǎo-jiě, nín hǎo!

李: 黄 小 姐，您 好！

Li: How do you do, Miss Huang ?

Huáng: Lǐ xiān-shěng, nín hǎo!

黄: 李先 生，您 好！

Huang: How do you do, Mr Li ?

Lǐ: Huáng xiǎo-jiě, nín shǐ zài nǎr zuò shì de?

李: 黄 小 姐，您 是 在 哪 儿 做 事的？

Li: Where do you work, Miss Huang ?

Huáng: Wǒ zài zhèng-fǔ bù-mén fú-wù, Lǐ xiān-shěng, nín ně?

黄: 我 在 政 府部门服务，李先 生，您呢？

Huang: I work in a government department. What about you, Mr Li ?

Lǐ: Wǒ zài yín-háng dāng yí-gě xiǎo zhí-yuán.

李: 我 在 银 行 当 一 个 小 职 员。

Li: I am just a junior employee of a bank.

Huáng: Lǐ xiān-shěng nín tài kè-qǐ lě!

黄: 李先 生，您 太客气了！

Huang: You are too modest, Mr Li!

36

Wáng: Xiàn-zài yǐ-jīng yì-diǎn le, wǒ-men yí-kuàir qù

王： 现 在 已 经 一 点 了，我 们 一 块 儿 去

chī ge biàn-fàn ba!

吃 个 便 饭 吧！

Wang: It is already one o'clock. Let's go out for a simple meal.

Huáng, Lǐ: Hǎo-de.

黄、李： 好 的。

Huang, Li: All right.

IV. Liàn-xí
练 习 **Practice**

A. Jù-xíng
句 型 **Sentence Patterns**

(1a) Ràng wǒ gěi nǐ jiè-shǎo yí-wèi péng-yǒu.

让 我 给 你 介 绍 一 位 朋 友。

(1b) Ràng wǒ jiè-shǎo yí-wèi péng-yǒu gěi nǐ.

让 我 介 绍 一 位 朋 友 给 你。

(2a) Xiǎng-bu-dào chē-zǐ zài bàn-lù shǎng chū-le máo-bìng.

想 不 到 车 子 在 半 路 上 出 了 毛 病。

37

(2b) Xiǎng-bù-dào zài bàn-lù shàng chē-zi chū-le máo-bìng.

想 不到在半路上 车子出了毛 病。

(3a) Wǒ-men jīn-tiān yuē-hǎo qù chī wǎn-cān.

我 们今 天约 好去吃晚 餐。

(3b) Jīn-tiān wǒ-men yuē-hǎo qù chī wǎn-cān.

今 天我 们 约 好去吃晚 餐。

B. Wèn-dá
问 答　　　　　　　　**Questions and Answers**

(1) Nǎ yí-wèi shì nǐ de péng-yǒu ?

哪一位是你的 朋 友 ?

Who is your friend ?

Lín xiǎo-jiě shì wǒ de péng-yǒu.

林 小 姐是我的 朋 友。

Miss Lin is my friend.

(2) Nǎ yí-wèi yào qù yín-háng ?

哪一位要去银 行 ?

Who is going to the bank ?

Lǐ xiān-shěng yào qù yín-háng.

李先 生 要去银 行。

Mr Li is going to the bank.

38

(3) Nǎ yí-wèi zài zhèng-fǔ bù-mén fú-wù?

哪一位 在 政 府部 门服务?

Who works in the government department?

Huáng xiǎo-jiě zài zhèng-fǔ bù-mén fú-wù.

黄 小 姐在 政 府部 门服务。

Miss Huang works in the government department.

V. Hàn-yǔ Pīn-yīn Liàn-xí
汉 语 拼 音 练 习

Pronunciational Drills with Pinyin.

	a	o	e	i	u	ü
b	ba	bo	—	bi	bu	—
p	pa	po	—	pi	pu	—

Dì-qī Kè   Kè-rén Lái Le
第七课   客 人 来 了
Lesson 7   Here Comes The Guest

I. Cí Hé Cí-zǔ
词和词组   Words and Word Compounds

1.	hēi 嘿	Interjection
2.	zhǎo 找	To look up; to look for
3.	hē 喝	Drink
4.	bēi 杯	Cup (classifier)
5.	chá 茶	Tea
6.	shuí 谁	Who
7.	tì 替	For
8.	zhǔ-rén 主 人	Host

kè-rén
9. 客人   Guest

shì-qíng
10. 事情   Matter; something

jìn-lái
11. 近来   Lately

má-fán
12. 麻烦   To trouble; to bother

II. Rì-cháng Yòng-yǔ
日 常 用语   **Common Expressions**

tán-tán
1. 谈 谈   Discuss; chat

qǐng zuò
2. 请 坐   Please sit down

lǎo yàng-zǐ
3. 老 样子   The same

méi wèn-tí
4. 没 问题   No problem

hǎo jiǔ bú jiàn
5. 好 久 不 见   Have not seen (you) for a long time

dào-dǐ yǒu shén-me shì
6. 到底 有 什 么 事   What is it? What is the matter?

shén-me fēng bǎ nǐ chuī-lái
7. 什 么 风 把 你 吹 来　What brings you here?

III. Duì-huà
　对　话　　　　　　Dialogue

Zhǔ-rén: Hēi! Shì shén-me fēng bǎ nǐ chuī-lái de ?
主 人： 嘿!是 什 么 风 把 你 吹 来 的 ?

Host:　　　Hey! What brings you here ?

Kè-rén: Yǒu diǎnr shì-qíng xiǎng zhǎo nǐ tán-tán.
客 人： 有 点儿 事 情 想 找 你 谈 谈

Guest:　　There is something which I would like to discuss
　　　　　　with you.

Zhǔ-rén: Qǐng zuò, qǐng zuò, hē bēi chá zài shuō.
主 人： 请 坐,请 坐,喝 杯 茶 再 说。

Host:　　　Please sit down and have a cup of tea first.

Kè-rén: Hǎo jiǔ bú jiàn, jìn-lái hǎo mǎ ?
客 人： 好 久 不 见,近 来 好 吗 ?

Guest:　　I have not seen you for a long time. How are you
　　　　　　you lately ?

Zhǔ-rén: Hái hǎo, nǐ ně ?
主 人： 还 好,你 呢 ?

Host:　　　Fine. What about you ?

42

Kè-rén: Hái bú shǐ lǎo yàng-zi.

客人：还不是老 样子。

Guest: Still the same.

Zhǔ-rén: Nǐ zhǎo wǒ dào-dǐ yǒu shén-mě shì ǎ ?

主 人：你 找 我 到底 有 什 么 事啊？

Host: What is it that you want to talk to me about ?

Kè-rén: Wǒ xiǎng qǐng nǐ tì wǒ zhǎo yí-wèi huá-wén lǎo-shī.

客人： 我 想 请你替我 找 一位 华 文 老师。

Guest: I was thinking of asking you to help me look for
          a Chinese Language tutor.

Zhǔ-rén: Shì shuí yào xué huá-wén ně ?

主 人：是 谁 要 学 华 文 呢？

Host: Who wants to learn Chinese ?

Kè-rén: Shì wǒ dě hái-zi.

客人：是 我的孩子。

Guest: My children.

Zhǔ-rén: Méi wèn-tí.

主 人：没 问题。

Host: No problem.

Kè-rén: Nà jiù má-fán nǐ lě.

客人：那就 麻 烦 你了。

Guest: Sorry to bother you.

IV. Liàn-xí
练习   Practice

A. Jù-xíng
句型   Sentence Patterns

shì shuí 是 谁	yào 要	zhǎo gōng-zuò 找 工 作 qǐng chī-fàn 请 吃 饭 xué huá-yǔ 学 华 语

B. Wèn-dá
问 答   Questions and Answers

(1) Nǐ tì wǒ zhǎo yí-wèi lǎo-shī hǎo mǎ ?

你替我找一位老师好吗?

Could you look for a tutor for me ?

Hǎo.

好。

Yes.

(2) Nǐ jiè-shǎo nà wèi péng-yǒu gěi wǒ hǎo mǎ ?

你介绍那位 朋 友给我好吗？

Could you introduce that friend to me ?

Hǎo-de.

好 的。

All right.

(3) Nǐ bāng wǒ zuò yì-diǎnr shì hǎo mǎ ?

你帮 我 做一点儿事 好吗？

Could you help me to do something ?

Méi wèn-tí.

没 问题。

No problem.

Dì-bā Kè 第八课 Lesson 8

Zhù Zài Zhèng-fǔ Zǔ-wū Lǐ 住在 政 府组屋里
Living In HDB Flats

I. Cí Hé Cí-zǔ
词和词组

Words and Word Compounds

1.	yǎng	养	Keep; rear
2.	zhī	只	A (classifier)
3.	gǒu	狗	Dog
4.	dōu	都	All
5.	děi	得	Have to
6.	dài	带	Bring
7.	tā	它	It
8.	zuì-jìn	最近	Recently; lately

9.	suǒ-yǐ 所以	That is why	
10.	qí-guài 奇怪	Strange	
11.	zhǔn-xǔ 准许	Allow	
12.	jū-mín 居民	Residents	
13.	lóu-xià 楼下	Downstairs	
14.	dí-què 的确	Indeed	
15.	zhèng-fǔ zǔ-wū 政府组屋	HDB flat	
16.	Jiàn-wū fā-zhǎn-jú 建屋发展局	HDB	

II. Rì-cháng Yòng-yǔ
日 常 用 语   Common Expressions

1.	dà-xiǎo-biàn 大 小 便	The call of nature	
2.	zuò diàn-tī 坐 电 梯	By lift	

III. Duì-huà

对 话   **Dialogue**

Chén: Lǎo-Huáng, hǎo jiǔ bú jiàn le, nǐ dào nǎr qù le?

陈: 老 黄，好 久 不 见 了，你 到 哪儿 去 了？

Chen: I have not seen you for a long time, Huang. Where have you been?

Huáng: Zuì-jìn jiā-lǐ yǎng-le yì-zhī gǒu, suǒ-yǐ máng-le yì-diǎnr.

黄: 最 近 家里 养 了 一只 狗，所以 忙 了 一点儿。

Huang: Lately, I have a dog at home. That is why I've been a bit busy.

Chén: Qí-guài! Nǐ zhù zài zhèng-fǔ zǔ-wū lǐ, yě kě-yǐ

陈: 奇 怪！你 住 在 政府 组屋 里，也 可以

yǎng gǒu ma?

养 狗 吗？

Chen: Strange! You live in a HDB flat. Are you allowed to keep a dog?

Huáng: Jiàn-wū fā-zhǎn-jú xiàn-zài yǐ-jīng zhǔn-xǔ jū-mín

黄: 建 屋 发 展 局 现 在 已经 准 许 居 民

yǎng gǒu le.

养 狗 了。

Huang: The HDB now allows residents to keep dogs.

48

Chén: Nà nǐ de gǒu qù nǎr dà-xiǎo-biàn ne?

陈： 那你的 狗去哪儿大小 便 呢？

Chen: Where does your dog go to answer the call of nature?

Huáng: Wǒ měi tiān dōu děi dài tā zuò diàn-tī dào lóu-xià qù.

黄： 我 每 天 都 得 带 它 坐 电 梯 到 楼 下 去。

Huang: I have to take it downstairs by lift every day.

Chén: Nǐ zhù zài shí-èr-lóu, nà bú shì hěn má-fàn mǎ?

陈： 你 住 在 十二楼，那 不 是 很 麻 烦 吗？

Chen: You live on the 12th floor. Isn't it very troublesome

Huáng: Shì ǎ! Dí-què hěn má-fàn.

黄： 是啊！的确 很 麻 烦。

Huang: Yes! It is very troublesome indeed.

IV. Liàn-xí

练 习   **Practice**

A. Jù-xíng

句 型   **Sentence Patterns**

nà 那 zhè 这	bú shì 不是	hěn 很	má-fàn 麻 烦 qí-guài 奇 怪 qīng-sōng 轻 松	mǎ 吗

(1)　Nǐ de gǒu dào nǎr qù dà-xiǎo-biàn ?

你的 狗 到哪儿去大小 便？

Where does your dog go to answer the call of
nature?

Dào lóu-xià qù dà-xiǎo-biàn.

到 楼下去大 小 便。

It goes downstairs to answer the call of nature.

(2)　Lǎo-Chén qù-le nǎr ?

老 陈 去了哪 儿 ？

Where has Chen gone to?

Tā qù-le yín-háng.

他去了银 行。

He has gone to the bank.

(3)　Tā zài nǎr gōng-zuò ?

她在哪儿工 作？

Where does she work?

Tā zài zhèng-fǔ bù-mén gōng-zuò.

她在 政 府部 门 工 作。

She works in a government department.

	a	o	e	i	u	ü
d	da	-	de	di	du	-
t	ta	-	te	ti	tu	-

I. Cí Hé Cí-zǔ
词和词组   Words and Word Compounds

cái
1.   才   Only

bān
2.   搬   Move (house)

jiā
3.   家   Family (classifier)

lín-jū
4.   邻居   Neighbour

zhè-lǐ
5.   这里   Here

shú-xī
6.   熟悉   Familiar

zhōu-wéi
7.   周围   Surroundings

huán-jìng
8.   环境   Environment

52

	xiāng-chǔ	
9.	相 处	Get along

	gé-bì	
10.	隔壁	Next-door (neighbour)

	guò-lǎi	
11.	过 来	Come over

	duì-miàn	
12.	对 面	Opposite

	cháng-cháng	
13.	常 常	Often; frequently

	liáo-tiān	
14.	聊 天	Chat

	yǒu kòng	
15.	有 空	Free (not busy)

	Mǎ-lái rén	
16.	马 来 人	Malay

	Yìn-dù rén	
17.	印 度 人	Indian

II. Rì-cháng Yòng-yǔ
日 常 用 语　　Common Expressions

	bú-cuò	
1.	不 错	Not bad; satisfactory

liáo-liǎo
2. 聊 聊   Chat

dǎ zhāo-hū
3. 打 招 呼   Say "Hello"; greet

III. Duì-huà
对 话   Dialogue

Lǐ tài-tǎi: Zhāng tài-tǎi, zǎo!

李太太：   张 太太，早！

Mrs Li: Good morning, Mrs Zhang.

Zhāng tài-tǎi: Lǐ tài-tǎi, zǎo!

张 太太：李太太，早！

Mrs Zhang: Good morning, Mrs Li.

Lǐ tài-tǎi: Zhāng tài-tǎi, nǐ-men zhù zài zhè-lǐ duō jiǔ lě?

李太太：   张 太太，你 们 住 在 这里 多 久 了？

Mrs Li: How long have you been living here,
        Mrs Zhang?

Zhāng tài-tǎi: Yǐ-jīng yǒu wǔ-liù nián lě. Nín ně?

张 太太：已 经 有 五 六 年 了。您 呢？

Mrs Zhang: I have been living here for five to six years
        What about you?

54

Lǐ tài-tài:　　Wǒ-men shì zuì-jìn cái bān-lǎi de, hái bù

李太太：　　我 们 是 最近 才 搬 来 的，还 不

shú-xǐ zhōu-wéi de huán-jìng.

熟悉 周 围 的 环 境。

Mrs Li:　　We have moved over here only recently,
and we are not very familiar with the
surroundings.

Zhāng tài-tài:　　Zhè-lǐ de huán-jìng bú-cuò, lín-jū yě

张 太太：　这里的 环 境 不错，邻居也

xiāng-chǔ de hěn hǎo.

相 处 得 很 好。

Mrs Zhang:　　The environment here is not bad. The
neighbours get along very well.

Lǐ tài-tài:　　Shì ǎ! Wǒ de gé-bì jiù shì yì-jiā Mǎ-lái rén,

李太太：　是啊！我的隔壁就是一家马来人，

wǒ-men yì bān-lǎi, tā-men jiù guò-lǎi dǎ

我 们 一 搬 来，他 们 就 过 来 打

zhāo-hǔ.

招 呼。

Mrs Li:　　Oh yes! My next-door neighbour is a
Malay family. The moment we moved
in, they came over to say "Hello".

55

Zhāng tài-tài: Wǒ duì-miàn nà yì-jiā Yìn-dù rén, yě cháng cháng

张　太太：我对面那一家印度人，也常常

dào wǒ jiā lái liáo-tiān.

到我家来聊天。

Mrs Zhang: The Indian family living opposite us often come to my house for a chat.

Lǐ tài-tài: Nǐ yǒu kòng yě guò-lái liáo-liáo ǎ.

李太太：你有空也过来聊聊啊。

Mrs Li: Come over for a chat when you are free.

Zhāng tài-tài: Hǎo-de, hǎo-de.

张　太太：好的，好的。

Mrs Zhang: All right, all right.

IV. Liàn-xí

练习　　　　　　　　　　Practice

A. Jù-xíng

句型　　　　　　　　　Sentence Patterns

lín-jū 邻居 wǒ-mén 我们 nǐ-mén 你们 tā-mén 他们	xiāng-chǔ 相处 jiāo 教 xué 学	de 得	hěn hǎo 很好 bú-cuò 不错

问 答　　　　　　Questions and Answers

(1) Nǐ-men bān-lǎi zhè-lǐ duō jiǔ le?

你们 搬来这里多 久了？

How long have you moved here?

Wǒ-men bān-lǎi zhè-lǐ hěn jiǔ le.

我 们 搬来这里很久了。

We moved here a long time ago.

(2) Fāng lǎo-shī, nǐ jiāo shū duō jiǔ le?

方 老师，你教 书 多久了？

How long have you been teaching, Mr Fang?

Wǒ yǐ-jīng jiāo-le shí-qī-bā nián.

我已经教了十七八 年。

I have been teaching for seventeen to eighteen years.

(3) Lǎo-Lǐ zǒu-le duō jiǔ le?

老李走了多久了？

How long has it been since Li left?

Lǎo-Lǐ zǒu-le liǎng-ge-bàn zhōng-tóu le.

老 李走了 两 个半 钟 头了。

It's been two and a half hours since Li left.

Dì-shí Kè   Dǎ Diàn-huà
第 十 课   打 电 话
Lesson 10   Making A Telephone Call

I. Cí Hé Cí-zǔ
词 和 词 组   **Words and Word Compounds**

		gēn	
1.		跟	For

		liú	
2.		留	Leave

		nàr	
3.		那儿	There

		gōng-sī	
4.		公 司	Company

		jīng-lǐ	
5.		经 理	Manager

		zhī-xiàn	
6.		支 线	Extension

		chū-qù	
7.		出 去	Go out

		huí-lái	
8.		回 来	Return

9. **hào-mǎ**
号 码   Number

10. **zhèr**
这儿   Here

II. Rì-cháng Yòng-yǔ
日 常 用 语   Common Expressions

1. **zǎo-ān**
早安   Good morning

2. **dǎ diàn-huà**
打 电 话   Make a phone call

3. **děng yí-xià**
等 一 下   Wait a while; just a minute

4. **zhuǎn-guò-qù**
转 过 去   Put through

III. Duì-huà
对 话   Dialogue

A : Zǎo-ān, qǐng-wèn nín nàr shǐ Wén-huá Gōng-sī mǎ ?
早 安,请 问 您 那儿 是 文 华 公 司 吗
Good morning. Is this Wen Hua Company?

B : Shì-dě, qǐng-wèn nín yào zhǎo shuí ?
是 的,请 问 您 要 找 谁 ?
Yes. Who are you looking for, please?

59

A : Wǒ yào zhǎo Wáng jīng-lǐ, má-fǎn nín tì wǒ zhuǎn

我 要 找 王 经理,麻 烦 您替我 转

zhī-xiàn sān-sān-qī.

支线 3 3 7。

I am looking for Mr Wang, the manager. Can you
please put my call through to Extension 337?

B : Hǎo-de. Qǐng-wèn nín shǐ nǎ yí-wèi ?

好 的。请 问 您 是 哪一 位 ?

All right. May I have your name, please?

A : Wǒ shǐ Lǐ Yì-mín。

我 是 李一 民。

I am Li Yi-min.

B : Qǐng nín děng yí-xià, wǒ gēn nín zhuǎn-guò-qù.

请 您 等 一下,我 跟 您 转 过去。

Please wait a while. I'll put your call through.

A : Xiè-xiè!

谢 谢 !

Thank-you!

B : Lǐ xiān-shěng, duì-bǔ-qǐ, Wáng jīng-lǐ chū-qù le,

李先 生,对不起,王 经理出去了,

nín yào liú shén-me huà mǎ ?

您 要 留 什 么 话 吗 ?

Sorry, Mr Li. Mr Wang has gone out.
Do you wish to leave a message?

60

A : Tā huí-lái yǐ-hòu, qǐng tā dǎ ge diàn-huà gěi wǒ.

他 回 来 以 后，请 他 打 个 电 话 给 我。

When he returns, please ask him to call me back.

B : Hǎo-de. Nín de diàn-huà shǐ shén-me hào-mǎ?

好 的。您 的 电 话 是 什 么 号 码?

I shall. What is your telephone number, please?

A : Wǒ de diàn-huà hào-mǎ shǐ wǔ-sān-bā-qī-èr-èr.

我 的 电 话 号 码 是 5 3 8 7 2 2。

My telephone number is 538722.

IV. Liàn-xí
练 习　　　　　　　　**Practice**

A. Jù-xíng
句 型　　　　　　　　**Sentence Patterns**

　　Nín dǎ cuò hào-mǎ le.
(1) 您 打 错 号 码 了。

　　Nín de hào-mǎ dǎ cuò le.
(2) 您 的 号 码 打 错 了。

　　Nín dǎ de hào-mǎ cuò le.
(3) 您 打 的 号 码 错 了。

问 答   **Questions and Answers**

(1) Shì Wén-huá Gōng-sī ma?

是 文 华 公 司 吗?

Is this Wen Hua Company?

Shì-de, zhèr shì Wén-huá Gōng-sī.

是 的, 这 儿 是 文 华 公 司。

Yes, this is Wen Hua Company.

(2) Shì bù shì Wén-huá Gōng-sī a?

是 不 是 文 华 公 司啊?

Isn't this Wen Hua Company?

Bú shì, zhèr bú shì Wén-huá Gōng-sī.

不 是, 这 儿 不 是 文 华 公 司。

No. This is not Wen Hua Company.

(3) Wén-huá Gōng-sī shì ma?

文 华 公 司是 吗?

Wen Hua Company, right?

Bú cuò, zhèr jiù shì Wén-huá Gōng-sī.

不 错, 这 儿 就 是 文 华 公 司。

Right. This is Wen Hua Company.

V. Hàn-yǔ Pīn-yīn Liàn-xí
汉语拼音练习

Pronunciational Drills with Pinyin

	a	o	e	i	u	ü
g	ga	-	ge	-	gu	-
k	ka	-	ke	-	ku	-

Dì-shí-yī Kè
第 十一 课
Lesson 11

Yuē-huì
约 会
An Appointment

I. Cí Hé Cí-zǔ
词 和 词组

Words and Word Compounds

	yǎ	
1.	呀	Final particle

	jiàn	
2.	件	A; piece (classifier)

	yóu	
3.	由	By

	yuē-huì	
4.	约会	Appointment

	biǎo-mèi	
5.	表妹	Younger cousin (female)

	biǎo-jiě	
6.	表姐	Elder cousin (female)

	zhōng-wǔ	
7.	中午	Noon

	shí-zài	
8.	实在	Really

	hú-tú	
9.	胡涂	Careless; muddle-headed

	xìng-kuī	
10.	幸亏	Luckily; fortunately

	tí-xǐng	
11.	提醒	Remind

	chà-diǎnr	
12.	差点儿	Almost

	gā-lí yú-tóu	
13.	咖喱鱼头	Fish-head curry

II. Rì-cháng Yòng-yǔ
日 常 用 语 **Common Expressions**

	hǎo le	
1.	好了	All right

	qǐng-kè	
2.	请客	Give a treat; be the host

	bié wàng le	
3.	别忘了	Don't forget

	míng-tiān jiàn	
4.	明天见	See (you) tomorrow

	bù-rán de huà	
5.	不然的话	Otherwise; or else

bái děng yì-chǎng

6.　　白 等 一 场　　　Wait in vain

III. Duì-huà
　　对 话　　　　　　**Dialogue**

Biǎo-mèi:　　　Biǎo-jiě, bié wàng-le wǒ-men de yuē-huì ya!

表 妹：　　　表 姐，别 忘 了 我 们 的 约 会 呀！

Younger cousin: Please don't forget our appointment.

Biǎo-jiě:　　　Nǐ shuō shén-me?

表 姐：　　　你 说 什 么？

Elder cousin:　　What did you say?

Biǎo-mèi:　　　Wǒ-men bú shì yuē-hǎo míng-tiān zhōng-wǔ

表 妹：　　　我 们 不 是 约 好 明 天 中 午

　　　　　　　yí-kuàir qù chī gā-lí yú-tóu de ma?

　　　　　　　一 块 儿 去 吃 咖 喱 鱼 头 的 吗？

Younger cousin: Haven't we agreed to go for fish-head
　　　　　　　curry lunch tomorrow?

Biǎo-jiě:　　　Shì a! Wǒ zhè ge rén shí-zài hú-tu, chà-diǎnr

表 姐：　　　是 啊！我 这 个 人 实 在 胡 涂，差 点 儿

　　　　　　　bǎ zhè jiàn shì gěi wàng le.

　　　　　　　把 这 件 事 给 忘 了。

Elder cousin:　　Oh, Yes! I am really careless. I almost
　　　　　　　forget about it.

66

Biǎo-mèi: Xìng-kuī wǒ tí-xǐng nǐ, bù-rán de huà wǒ jiù

表 妹： 幸 亏我提醒你，不然的话我就

bái děng yì-chǎng le.

白 等 一 场 了。

Younger cousin: Fortunately I reminded you, otherwise I would have to wait in vain.

Biǎo-jiě: Hǎo le, hǎo le! Míng-tiān de gā-lí yú-tóu jiù

表 姐： 好 了，好 了！明 天 的咖喱鱼头就

yóu wǒ qǐng-kè ba!

由 我 请 客吧！

Elder cousin: All right, all right! Let me treat you to tomorrow's fish-head curry lunch.

Biǎo-mèi: Zhè cái shì wǒ de hǎo biǎo-jiě!

表 妹： 这 才 是 我 的好 表 姐！

Younger cousin: You are indeed my good cousin!

Biǎo-jiě: Nà wǒ-men míng-tiān jiàn.

表 姐： 那我们 明 天 见。

Elder cousin: Then, we shall meet again tomorrow.

Biǎo-mèi: Míng-tiān jiàn.

表 妹： 明 天 见。

Younger cousin: See you tomorrow.

IV. Liàn-xí
练习　　　　　　　Practice

A. Jù-xíng
句型　　　　　　　Sentence Patterns

(1)

nǐ-men 你们		chī fàn 吃饭
tā-men 他们	qù 去	hē chá 喝茶
wǒ-men 我们		zhǎo péng-yǒu 找朋友

(2)

nǐ-men 你们			chī fàn 吃饭
tā-men 他们	yuē-hǎo 约好	qù 去	hē chá 喝茶
wǒ-men 我们			zhǎo péng-yǒu 找朋友

68

B. Wèn-dá
问 答　　　　　　　　**Questions and Answers**

(1)　Tā bú shì shuō jīn-tiān bù lái må?

他不是 说 今 天 不来 吗?

Didn't he say that he was not coming today?

Shì-de tā yǒu yuē-huì.

是的,他有 约 会。

Yes. He has an appointment.

(2)　Nǐ bú shì shuō yǐ-jīng bān-jiā-le må?

你不是 说 已经 搬 家了吗?

Didn't you say that you had already moved?

Hái méi-yǒu, xià xīng-qī cái bān.

还 没 有,下 星 期 才 搬。

Not yet. I shall move next week.

(3)　Lǐ xiān-shẽng bú shì shuō hěn máng må?

李先 生 不是 说 很 忙 吗?

Didn't Mr Li say that he was very busy?

Shì å! tā shí-zài hěn máng.

是啊!他实在 很 忙。

Yes. He is really very busy.

69

Dì-shí-èr Kè
第 十 二 课
Lesson 12

Zài Kā-fēi-diàn Lǐ
在 咖 啡 店 里
At The Coffeeshop

I. Cí Hé Cí-zǔ
词 和 词 组

Words and Word Compounds

pB ng

1. 瓶 — A bottle of (classifier)

mài

2. 卖 — Sell

piàn

3. 片 — Slice (classifier)

huǒ-jì

4. 伙计 — Shop assistant

gù-kè

5. 顾客 — Customer

niú-nǎi

6. 牛 奶 — Milk

pí-jiǔ

7. 啤酒 — Beer

niú-yóu

8. 牛 油 — Butter

9. **miàn-bāo**
   面 包　　　　Bread

10. **dàn-gāo**
    蛋 糕　　　　Cake

11. **kā-fēi-diàn**
    咖啡店　　　Coffeeshop

12. **kā-fēi-wū**
    咖啡乌　　　Coffee without milk

13. **jú-huā-shuǐ**
    菊花水　　　Chrysanthemum drink

II. Rì-cháng Yòng-yǔ
日 常 用 语　　Common Expressions

1. **lěng-dě rè-dě**
   冷 的热的　　Cold and hot (drinks)

2. **yǒu shén-mě hē-dě**
   有 什 么 喝的　What drinks do (you) serve

III. Duì-huà
对 话　　　　Dialogue

Huǒ-jì:　　Qǐng-wèn xiān-shěng yào hē shén-mě ?
伙计 :　　请 问 先 生 要 喝 什 么 ?
Shop assistant: What drink would you like to have, Sir?

71

Gù-kè 1:
顾客 1：

Nǐ-mén zhèr yǒu shén-me hē-de?

你 们 这儿 有 什 么 喝 的？

Customer 1:　　What drinks do you serve here?

Huǒ-jì:
伙计：

Lěng-de rè-de dōu yǒu.

冷 的 热的 都 有。

Shop assistant: We have both hot and cold drinks.

Gù-kè 1:
顾客 1：

Wǒ yào hē kā-fēi-wū.

我 要 喝 咖啡 乌。

Customer 1:　　I'll have coffee without milk.

Gù-kè 2:
顾客 2：

Gěi wǒ yì-bēi niú-nǎi.

给 我一杯 牛 奶。

Customer 2:　　Let me have a cup of milk.

Gù-kè 3:
顾客 3：

Wǒ yào yì-píng pí-jiǔ.

我 要一瓶 啤酒。

Customer 3:　　I want a bottle of beer.

huǒ-jì:
伙计：

Duì-bù-qǐ, xiān-shēng, zhèr zhǐ mài chá-shuǐ.

对 不起，先 生，这儿只 卖 茶 水。

Shop assistant: Sorry, Sir, we only sell soft drinks.

Gù-kè 3:
顾客 3：

Nà nǐ gěi wǒ yì-píng jú-huā-shuǐ hǎo le.

那你给 我一瓶 菊花 水 好 了。

Customer 3:　　Then, let me have a bottle of chrysanthemum drink.

72

huǒ-jì:	Hǎo-dě, nǐ-měn hái yào chī xiē shén-mě
伙计:	好 的，你们 还要 吃 些 什 么
	mǎ?
	吗？

| Shop·assistant: | All right. Do you want something to eat too? |

Gù-kè 1:	Lái liǎng-piàn niú-yóu miàn-bāo, sān-kuài
顾客 1:	来 两 片 牛 油 面 包，三 块
	dàn-gāo.
	蛋 糕。

| Customer 1: | Let us have two slices of bread with butter and three pieces of cake. |

IV. Liàn-xí
练 习   **Practice**

A. Jù-xíng
句 型   **Sentence Patterns**

wǒ-měn 我 们	zhèr 这儿 nàr 那儿	lěng-dě rè-dě 冷 的 热 的 chī-dě hē-dě 吃 的 喝 的	dōu yǒu 都 有

Questions and Answers

(1) Nǐ hē bù hē pí-jiǔ ?

你喝不喝啤酒？

Do you want some beer?

Wǒ bù hē.

我 不喝。

No. I don't want any beer.

(2) Tā chī bù chī dàn-gāo ?

他吃不吃 蛋 糕？

Does he eat cakes?

Tā chī.

他吃。

Yes, he does.

(3) Tā kàn bù kàn diàn-shì ?

她看不看 电 视。

Does she watch TV programmes?

Tā měi tiān dōu kàn.

她 每 天 都 看。

She watches TV programmes everyday.

V. Hàn-yǔ Pīn-yīn Liàn-xí
汉 语 拼 音 练 习

Pronunciational Drills
with Pinyin

	a	o	e	i	u	ü
f	fa	fo	-	-	fu	-
h	ha	-	he	-	hu	-

Dì-shí-sān Kè
第 十 三 课 到 小 贩 中 心 去
Lesson 13   Dào Xiǎo-fàn Zhōng-xīn Qù
To The Hawker Centre

I. Cí Hé Cí-zǔ
词 和 词 组   **Words and Word Compounds**

	là	
1.	辣	Hot (spicy)

	jiào	
2.	叫	Order; call

	dié	
3.	碟	Plate (classifier)

	gòu	
4.	够	Enough

	guì	
5.	贵	Expensive, dear

	qīng-jié	
6.	清洁	Clean

	dōng-xi	
7.	东西	Things

	tān-wèi	
8.	摊位	Stall

	hǎo-chī	
9.	好 吃	Tasty

	xǐ-huān	
10.	喜 欢	Like

	yí-yàng	
11.	一 样	Same

	shí-liàng	
12.	食 量	Appetite; capacity for eating

	gā-lí fàn	
13.	咖喱饭	Curry rice

	chǎo-guǒ-tiáo	
14.	炒 粿 条	Fried Kway-teow

	xiǎo-fàn zhōng-xīn	
15.	小 贩 中 心	Hawker centre

II. Rì-cháng Yòng-yǔ
日 常 用 语　　Common Expressions

	hǎo bǎ	
1.	好 吧	Yes

	hǎo bù hǎo	
2.	好 不 好	Is it all right?

	bú jiàn-dě	
3.	不 见 得	Not necessarily

77

duō dào nǎ-lǐ qù
4. 多 到 哪里 去   It is not that much

III. Duì-huà
对 话   **Dialogue**

Lǎo-Lín: Zhèr dě xiǎo-fàn zhōng-xīn, chī-dě hē-dě shén-mě
老 林: 这儿的小 贩 中 心,吃的喝的 什 么

dōu yǒu, kàn-qi-lái yě hěn qīng-jié.
都 有,看起来也很 清洁。

Mr Lin: The hawker centre here has all kinds of food
and drinks. It looks hygienic too.

Lǎo-Liú: Suǒ-yǐ wǒ cháng cháng lái zhèr chī dōng-xi.
老 刘: 所以我 常 常 来这儿吃东 西。

Mr Liu: That's why I come here often for food.

Lǎo-Lín: Zhè-mě duō tān-wèi, wǒ-mén chī shén-mě hǎo ně?
老 林: 这么多摊位,我 们 吃 什 么 好呢?

Mr Lin: There are so many stalls here. What shall we eat?

Lǎo-Liú: Nà tān gā-lí fàn hěn hǎo chī.
老 刘: 那 摊咖喱饭很 好 吃。

Mr Liu: The curry rice of that stall is very tasty.

Lǎo-Lín: Wǒ bù xǐ-huān chī là dě.

老 林： 我 不喜 欢 吃辣的。

Mr Lin: I don't like spicy food.

Lǎo-Liú: Nà tān chǎo-guǒ-tiáo yě bú-cuò, jīn-tiān yóu wǒ qǐng-kè.

老 刘： 那 摊 炒 粿 条也不错，今天 由 我 请客。

Mr Liu: The fried kway-teow of that stall is not bad either.
Today's treat is on me.

Lǎo-Lín: Bié kè-qì, shuí qǐng-kè dōu yí-yàng, jiù chī chǎo-

老 林： 别客气，谁 请 客都一 样，就吃 炒

guǒ-tiáo bǎ.

粿 条吧。

Mr Lin: Don't stand on ceremony. It does not matter
who pays. Let's have fried kway-teow.

Lǎo-Liú: Jiào liǎng-dié kuài-bàn qián dě hǎo bù hǎo ?

老 刘： 叫 两 碟块 半 钱 的好不好？

Mr Liu: Let's order two plates of $1.50 each. Is it all right?

Lǎo-Lín: Wǒ dě shí-liàng méi nǐ nà-mě dà, yí-kuài qián jiù gòu lě.

老 林： 我 的食 量 没你那么 大，一块 钱就够了。

Mr Lin: My appetite is not as good as yours. One dollar is
enough.

Lǎo-Liú: Xiàn-zài dōng-xī hěn guì, kuài-bàn qián yě bú jiàn-dě

老 刘： 现 在 东 西很贵，块 半 钱也不见 得

duō dào nǎ-lǐ qù!

多 到 哪里去！

Mr Liu: Things are very expensive now. Even at $1.50,
you will not get much.

Lǎo-Lín: Hǎo bǎ, jiù jiào kuài-bàn qián de.

老 林： 好 吧，就 叫 块 半 钱 的。

Mr Lin: Well then, let's have the $1.50 plate of kway-teow.

IV. Liàn-xí
练 习   **Practice**

A. Jù-xíng
句 型   **Sentence Patterns**

(1)

	shí-liàng 食 量	dà 大
wǒ de 我 的	gōng-zuò 工 作	qīng-sōng 轻 松
	xīn-shuǐ 薪 水	duō 多

(2)

	shí-liàng 食 量			dà 大
wǒ de 我 的	gōng-zuò 工 作	méi nǐ 没 你	nà-me 那 么	qīng-sōng 轻 松
	xīn-shuǐ 薪 水			duō 多

B. Wèn-dá
问 答
Questions and Answers

(1) Wǒ-men qù xiǎo-fàn zhōng-xīn chī diǎnr dōng-xi hǎo bu hǎo ?
我 们 去 小 贩 中 心 吃点 儿 东 西 好 不 好 ?
Let's go to the hawker centre for some food. All right?

Hǎo.
好。

All right.

(2) Zhè jiàn shì-qing, wǒ-men hǎo bu hǎo zhǎo Lǎo-Lǐ tán-tan ?
这 件 事 情，我 们 好 不 好 找 老李 谈 谈 ?
Is it all right to discuss the matter with Li?

Hǎo-de.
好 的。

Yes.

(3) Hǎo bu hǎo chī-le fàn, wǒ-men cái kāi-shǐ gōng-zuò ?
好 不 好 吃 了 饭，我 们 才 开 始 工 作 ?
Is it all right if we start work after a meal?

Hǎo ba.
好 吧。

Yes. It's all right.

81

Dì-shí-sì Kè
第十四课
Lesson 14

shàng Jiǔ-lóu
上 酒楼
Going To A Restaurant

I. Cí Hé Cí-zǔ
词和词组　　　　　　Words and Word Compounds

pán
1. 盘　　　　　　Plate (classifier)

cháng kè
2. 常 客　　　　　　Regular customers

shāo-jī
3. 烧鸡　　　　　　Roast chicken

yóu-cài
4. 油菜　　　　　　Vegetable in oil

ná-shǒu
5. 拿手　　　　　　Speciality

chǎo-miàn
6. 炒 面　　　　　　Fried noodles

qīng-tāng
7. 清 汤　　　　　　Clear soup

huí-qù
8. 回去　　　　　　Go back

nǚ-zhāo-dài

9. 女 招 待　　　Waitress

qīng-zhēng yú

10. 清 蒸 鱼　　　Steamed fish

II. Rì-cháng Yòng-yǔ
日 常 用 语　　Common Expressions

diǎn cài

1. 点 菜　　　　To select dishes

shàng jiǔ-lóu

2. 上 酒楼　　　Going to a restaurant

yóu nǐ lái

3. 由你来　　　Let you (do)

dāi-huìr

4. 待会儿　　　In a little while

III. Duì-hùa
对 话　　　　Dialogue

nǚ-zhāo-dài　Xiān-shěng, nǐ měn yào chī xiē shén-me?

女 招 待：　先 生，你们 要 吃 些 什 么？

Waitress:　　Sir, what would you like to have?

Wáng:　　　Lǎo-Chén, yóu nǐ lái diǎn cài ba!

王：　　　　老 陈，由你来 点 菜 吧！

Mr Wang:　　Mr Chen, I'll let you do the selection of dishes.

83

Chén:
陈：

Nǐ shì zhè jiā jiǔ-lóu de cháng kè, hái-shì yóu nǐ lái.

你 是 这 家 酒 楼 的　常 客，还 是 由 你 来。

Mr Chen:
You are a regular customer of this restaurant. You'd better do the selection.

Wáng:
王：

Hǎo, nà wǒ jiù bú kè-qì le. Xiǎo-jiě, gěi wǒ-men yí-ge

好，那 我 就 不 客 气 了。小 姐，给 我 们 一 个

shāo-jī, yí-ge qīng-zhēng yú, yí-ge shén-me cài...

烧 鸡，一 个 清　蒸　鱼，一 个 什　么 菜…

Mr Wang:
Well, then, I shall not stand on ceremony. Miss, we would like to have a roast chicken, a steamed fish, a dish of vegetables. . .

nǚ-zhāo-dài:
女 招　待：

Yóu-cài hǎo ma? Zhè shì wǒ-men de ná-shǒu hǎo

油 菜 好 吗？这 是 我 们 的 拿 手 好

cài.

菜。

Waitress:
What about vegetable in oil? This is our speciality.

Chén:
陈：

Hǎo! Hǎo! Zhè shì wǒ zuì xǐ-huān chī de.

好！好！这 是 我 最 喜 欢　吃 的。

Mr Chen:
Good! Good! This is my favourite.

Wáng:	Zài lái yì-pán chǎo-miàn, yí-ge qīng-tāng jiù gòu le.
王：	再来一盘炒面，一个清汤就够了。
Mr Wang:	In addition, let's have a plate of fried noodles and a soup. This should be enough.

nǚ-zhāo-dài:	Hǎo. Nǐ-men liǎng-wèi yào hē chá, hái-shi hē jiǔ?
女招待：	好。你们两位要喝茶，还是喝酒？
Waitress:	Yes. What would you have for drinks, tea or liquor?

Chén:	Dāi-huìr wǒ-men hái yào húi-qù gōng-zuò, hái-shi hē cháo hǎo.
陈：	待会儿我们还要回去工作，还是喝茶好。
Mr Chen:	In a little while, we'll have to go back to work. It's better that we have tea.

IV. Liàn-xí
练习   Practice

A. Jù-xíng
句型   Sentence Patterns

jīn-tiān 今天	yóu 由	nǐ 你 wǒ 我 tā 他	lái 来	diǎn cài 点菜 gěi qián 给钱

85

问 答

(1) Nǐ xiǎng hē lěng-dě, hái-shì rè-dě?

你 想 喝 冷 的, 还 是 热 的？

Would you like to have a cold or hot drink?

Lěng-dě

冷 的。

Cold.

(2) Nǐ yào qù jiǔ-lóu, hái-shì xiǎo-fàn zhōng-xīn?

你 要 去 酒楼, 还 是 小 贩 中 心？

Would you like to go to a restaurant or a hawker centre?

Xiǎo-fàn zhōng-xīn.

小 贩 中 心。

Hawker centre.

(3) Nǐ xǐ-huǎn chī miàn-bāo, hái-shì dàn-gāo?

你喜欢 吃 面 包, 还是 蛋糕？

Would you like to eat bread or cake?

Dàn-gāo

蛋 糕。

Cake.

V. Hàn-yǔ Pīn-yīn Liàn-xí
汉 语 拼 音 练 习

Pronunciational Drills with Pinyin.

	a	o	e	i	u	ü
n	na	—	ne	ni	nu	nü
l	la	—	le	li	lu	lü
r	—	—	re	—	ru	—

Dì-shí-wǔ Kè
第 十 五 课
Lesson 15

Dā Bā-shì
搭 巴 士
Taking A Bus

I. Cí Hé Cí-zǔ
词 和 词 组

Words and Word Compounds

	liàng	
1.	辆	Classifier for vehicle

	máo	
2.	毛	Cents (To be used in units of tens)

	mǎi	
3.	买	Buy

	běn	
4.	本	Copy

	jiān	
5	间	Classifier for room or shop

	dā-kè	
6.	搭客	Passenger

	Dà-pō	
7.	大坡	Big Town (The part of the city south of the Singapore River)

	Xiǎo-pō	
8.	小 坡	Small Town (The part of the city north of the Singapore River)

	shū-jú	
9.	书 局	Bookshop

	shòu-piào-yuán	
10.	售 票 员	Bus conductor

	huǒ-chē zhàn	
11.	火 车 站	Railway Station

	Niú-chē-shuǐ	
12.	牛 车 水	Kreta Ayer (China Town)

	bā-shì zhǐ-nán	
13.	巴 士 指 南	Bus Guide

II. Rì-cháng Yòng-yǔ

日 常 用 语	Common Expressions

	zāo-le	
1.	糟 了	Oh dear!

	dā bā-shì	
2.	搭 巴 士	Take a bus

	bú yào-jǐn	
3.	不 要 紧	Never mind

III. Duì-huà
对 话
Dialogue

Shòu-piào-yuán:
售 票 员：
Qǐng-wèn nín yào dào nǎr qù?

请 问 您要到 哪儿去？

Bus Conductor: Where are you going, Sir?

Dā-kè:
搭客：
Wǒ yào dào huǒ-chē zhàn qù.

我 要 到 火 车 站 去。

Passenger: Railway Station.

Shòu-piào-yuán:
售 票 员：
Duì-bù-qǐ, zhè liàng bā-shì zhǐ dào Dà-pō

对不起，这 辆 巴士只到 大坡

Niú-chē-shuǐ, jiù zhuǎn-huí Xiǎo-pō qù.

牛 车 水，就 转 回 小 坡 去。

Conductor: Sir, this bus will be turning back to Xiao Po (Small Town) after reaching Kreta Ayer (China Town) in Da Po (Big Town).

Dā-kè:
搭客：
Zāo-lě, wǒ dā cuò bā-shì lě.

糟 了，我搭错巴士了。

Passenger: Oh dear, I have boarded the wrong bus.

Shòu-piào-yuán:
不要紧,您到了牛车水,转搭
Bú yào-jǐn, nín dào-lě Niú-chē-shuǐ, zhuǎn dā

售票员:

yī-sì-liù-hào bā-shì, jiù kě-yǐ dào huǒ-chē zhàn
146 号巴士,就可以到火车站

lě.
了。

Conductor: Never mind. After reaching Kreta Ayer, you may switch over to Service 146 which will take you to the Railway Station.

Dā-kè:
Dào Niú-chē-shuǐ yào duō-shǎo qián?
搭客: 到牛车水要多少钱?

Passenger: What's the fare for going to Kreta Ayer?

Shòu-piào-yuán:
Sì-máo qián. Duì-lě, nín wèi-shén-me bù mǎi
售票员: 四毛钱。对了,您为什么不买

yì-běn bā-shì zhǐ-nán?
一本巴士指南?

Conductor: 40 cents. By the way Sir, why don't you buy a copy of the Bus Guide?

Dā-kè:
Qǐng-wèn nǎr yǒu dě mài yǎ?
搭客: 请问哪儿有得卖呀?

Passenger: Where is it on sale?

Shòu-piào-yuán: 售 票 员：	Měi jiān shū-jú dōu yǒu. 每 间 书 局 都 有。
Conductor:	It is on sale at all the bookshops.
Dā-kè: 搭 客：	Xiè-xiě nín. 谢 谢 您。
Passenger:	Thank you.

V. Liàn-xí
练 习   Practice

A. Jù-xíng
句 型   Sentence Patterns

(1)

		yí-gè rén 一 个 人
wū-zǐ-lǐ 屋 子 里	yǒu 有	liǎng-zhī gǒu 两 只 狗
		sān-běn yīng-wén shū 三 本 英 文 书

(2)

		yì-jiān kā-fēi-diàn 一 间 咖 啡 店
nà 那	shì 是	yí-jiàn xiǎo shì 一 件 小 事
		yí-wèi huá-wén lǎo-shī 一 位 华 文 老 师

(3)

wǒ 我	mǎi-le 买了	yì-píng　　pí-jiǔ 一瓶　　啤酒
		yì-dié　　chǎo-miàn 一碟　　炒 面
		liǎng-pán　cài 两盘　　菜
		sān-kuài　dàn-gāo 三 块　　蛋 糕
		sì-piàn　　miàn-bāo 四 片　　面 包
		yí-liàng　chē-zi 一 辆　　车 子

B. Wèn-dá
问 答　　　　　　　　　　　**Questions and Answers**

(1)　Nǐ shàng-wǔ méi yǒu kòng, xià-wǔ ně?

你 上 午 没 有 空，下 午 呢 ？

You are not free in the morning. What about the afternoon?

Xià-wǔ yě méi yǒu kòng.

下 午 也 没 有 空。

I won't be free in the afternoon either.

(2)   Wǒ-mén dōu dā bā-shì, nǐ nè?

我 们 都搭巴士,你呢？

We want to take a bus. What about you?

Wǒ yě dā bā-shì.

我也搭巴士。

I want to take a bus too.

(3)   Jiǔ-lóu tā bù xǐ-huǎn qù, xiǎo-fàn zhōng-xīn nè?

酒楼她不喜 欢 去,小 贩 中 心呢？

She doesn't like to go to a restaurant. What about a
hawker centre?

Xiǎo-fàn zhōng-xīn,　tā bǐ-jiào xǐ-huǎn qù.

小 贩 中 心,她比较喜 欢 去。

She prefers to go to a hawker centre.

Dì-shí-liù Kè
第 十 六 课
Lesson 16

Zuò Dé-shì
坐 德 士
Taking A Taxi

I. **Cí Hé Cí-zǔ**
词 和 词 组　　　　Words and Word Compounds

	sòng	
1.	送	Take
	jìn	
2.	进	Enter
	lǚ-diàn	
3.	旅 店	Hotel
	sī-jī	
4.	司 机	Driver
	dà-yuē	
5.	大 约	About
	fēn-zhōng	
6.	分 钟	Minute
	děng-dào	
7.	等 到	Waited till
	shì-qū	
8.	市 区	City Area

95

9.	yīn-wèi 因 为	Because
10.	dì-fāng 地 方	Place
11.	jiàn-zhù 建 筑	Construction
12.	gāo lóu 高 楼	High-rise building
13.	jiāo-tōng 交 通	Traffic
14.	yōng-jǐ 拥 挤	Congestion
15.	rén-mén 人 们	People

II. Rì-cháng Yòng-yǔ
日 常 用 语   **Common Expressions**

1.	zuò dé-shì 坐 德 士	Taking a taxi
2.	guò-dě-qù 过 得 去	Not too bad
3.	guài-bù-dě 怪 不 得	No wonder
4.	shēng-yì bú-cuò 生 意 不 错	Business not bad (doing well)

96

III. Duì-huà
对 话　　　　Dialogue

Dā-kè:　　Qǐng nǐ sòng wǒ dào Dà-huá Lǚ-diàn hǎo mǎ?

搭客：　请 你 送 我 到 大 华 旅 店 好 吗？

Passenger:　Would you please take me to Da-hua Hotel?

Sī-jī:　　Hǎo-de.

司机：　好 的。

Driver:　Yes, certainly.

Dā-kè:　　Cóng zhèr dào Dā-huá Lǚ-diàn yào duō jiǔ wǎ?

搭客：　从 这 儿 到 大 华 旅 店 要 多 久 哇？

Passenger:　How long does it take to go to Da-hua Hotel from here?

Sī-jī:　　Dà-yuē èr-shí fēn-zhōng.

司机：　大 约 二 十 分 钟。

Driver:　About 20 minutes.

Dā-kè:　　Nǐ-men dé-shì de shēng-yi bú-cuò ba!

搭客：　你 们 德 士 的 生 意 不 错 吧！

Passenger:　I guess taxi-drivers are doing well!

Sī-jī:　　Hái guò-de-qù.

司机：　还 过 得 去。

Driver:　Not too bad.

97

Dā-kè:
搭客：

Wǒ kàn zhèr dé-shì bù duō, wǒ děng-le bàn-ge-duō
我看这儿德士不多，我 等了半个多

zhōng-tóu, cái děng-dào nǐ zhè liàng dé-shì.
钟 头，才 等 到你这 辆 德士。

Passenger: I think there are not many taxis here. I waited for more than half an hour before you came.

Sī-jī:
司机：

Shì-qū de dé-shì dí-què bù duō, yīn-wèi dé-shì dōu bù
市区的德士的确不多，因 为德士都不

xǐ-huān jìn shì-qū.
喜 欢 进市区。

Driver: There are indeed not many taxis in the city area, because taxi-drivers don't like to enter the city area.

Dā-kè:
搭客：

Wèi-shén-me ne?
为 什 么呢？

Passenger: Why?

Sī-jī:
司机：

Jìn shì-qū yǒu yì-xiē má-fán, yīn-wèi shì-qū hěn duō
进市区有一些麻烦，因 为市区很 多

dì-fāng dōu zài jiàn-zhù gāo lóu, jiāo-tōng hěn yōng-jǐ.
地 方 都 在 建 筑 高 楼，交 通 很 拥挤。

Driver: It is troublesome to enter the city area. There is traffic congestion because of the construction of high-rise buildings at many places in the area.

| Dā-kè: | Yuán-lái shǐ zhè-yǎng, guài-bù-dě rén-men dā bú dào |
| 搭客： | 原 来 是 这 样，怪 不 得 人 们 搭 不 到 |

dé-shì.
德士。

Passenger: I see, no wonder people cannot get a taxi.

IV. Liàn-xí
练 习   Practice

A. Jù-xíng
句 型   Sentence Patterns

		zǎo-shǎng 早 上	gōng-zuò 工 作		wǎn-shǎng 晚 上
		yī-jiǔ-liù-wǔ-nián 一九六五 年			xiàn-zài 现 在
wǒ 我	cóng 从	jiā-li 家 里	zǒu 走	dào 到	chē-zhàn 车 站
		zhè-li 这 里			xué-xiào 学 校

(1)　Nǐ jīn-tiān yòu chí-dào lě, wèi-shén-me ně?

你今天 又 迟 到了,为 什 么呢？

You are late again today. Why?

Yīn-wèi chē-zi chū-lě máo-bìng.

因 为车子出了毛 病。

It's because my car broke down.

(2)　Dé-shì bù xǐ-huǎn jìn shì-qū, wèi-shén-me ně?

德士不喜欢 进市区,为 什 么呢？

Taxi-drivers don't like to enter the city area. Why?

Yīn-wèi jìn shì-qū yǒu xiē má-fǎn.

因 为进市区有 些麻烦。

It is because it's troublesome to enter the city area.

(3)　Tā huí-lǎi lě yòu chū-qǔ, wèi-shén-me ně?

他回来了又出 去,为 什 么呢？

He came back and went out again. Why?

Yīn-wèi tā yǒu shì.

因 为他有 事。

It's because he has some business to attend to.

V. Hàn-yǔ Pīn-yīn Liàn-xí
汉 语 拼 音 练 习

Pronunciational Drills with Pinyin.

	a	o	e	i	u	ü
j	—	—	—	ji	—	ju
q	—	—	—	qi	—	qu
x	—	—	—	xi	—	xu

Dì-shí-qī Kè
第十七课
Lesson 17

Kàn Bào-zhǐ
看 报 纸
Reading Newspapers

I. **Cí Hé Cí-zǔ**
词和词组   Words and Word Compounds

kāi-kè
1. 开课   Classes start

píng-shí
2. 平 时   Usually

bǐ-jiào
3. 比较   Prefer

shè-lùn
4. 社 论   Editorial

cuò-guò
5. 错 过   Miss (Verb)

gōng-wù-yuán
6. 公 务 员   Civil servants

huá-yǔ bān
7. 华 语 班   Mandarin class

xiǎo-shuō bǎn
8. 小 说 版   Novel page

tǐ-yù bǎn
9. 体育版   Sports page

guó-jì xīn-wén
10. 国际新闻   International news

běn-dì xīn-wén
11. 本地新闻   Local news

II. Rì-cháng Yòng-yǔ
日　常　用　语   **Common Expressions**

kàn bào-zhǐ
1. 看 报 纸   Reading newspaper

hǎo xiāo-xi
2. 好 消 息   Good news

méi shén-me
kàn-tóu
3. 没 什 么   Nothing much to read
看 头

shuō dě duì
4. 说 得 对   You're right

III. Duì-huà
对 话   **Dialogue**

A. : Lǎo-Wáng, jīn-tiān dě bào-zhǐ nǐ kàn-lě méi-yǒu?
老 王，今 天 的 报 纸 你 看 了 没 有？

Mr Wang, have you read today's newspaper?

B. : Hái méi-yǒu.
还 没 有。

Not yet.

103

A. : Gōng-wù-yuán dě huá-yǔ bān jiù yào kāi-kè lě.
公 务 员 的 华 语 班 就 要 开 课 了。

The Mandarin classes for civil servants will start soon.

B. : Zhè shǐ wǒ-mén gōng-wù-yuán dě hǎo xiāo-xi.
这 是 我 们 公 务 员 的 好 消 息。

This is good news for us civil servants.

A. : Nǐ píng-shí kàn bào-zhǐ, xǐ-huān kàn nǎ yì-bǎn?
你 平 时 看 报 纸, 喜 欢 看 哪 一 版?

Which page of the newspaper do you usually like to read?

B. : Xiǎo-shuō bǎn wǒ shǐ měi tiān dōu kàn dě.
小 说 版 我 是 每 天 都 看 的。

The novel page is a must for me everyday.

A. : Wǒ bǐ-jiào xǐ-huān kàn guó-jì xīn-wén hé běn-dì xīn-wén.
我 比 较 喜 欢 看 国 际 新 闻 和 本 地 新 闻。

I prefer international and local news.

B. : Wǒ yě kàn tǐ-yù bǎn, bú-guò, zuì-jìn tǐ-yù xīn-wén méi
我 也 看 体 育 版, 不 过, 最 近 体 育 新 闻 没

shén-me kàn-tóu.
什 么 看 头。

I read the sports page too, but there has not been much to
read about in the sports page lately.

A. : Měi tiān de shè-lùn, wǒ xiǎng nǐ yě bú huì cuò-guò ba!
每 天 的 社 论，我 想 你 也 不 会 错 过 吧！

I suppose you always make it a point not to miss the daily
editorial.

B. : Nǐ shuō de duì.
你 说 得 对。

You are right.

IV. Liàn-xí
练 习   **Practice**

A. Jù-xíng
句 型   **Sentence Patterns**

wǒ 我 tā 他	bǐ-jiào 比 较	xǐ-huān 喜 欢	kàn xiǎo-shuō 看 小 说 hē kā-fēi 喝 咖 啡 chī chǎo-miàn 吃 炒 面

B. Wèn-dá
问 答   **Questions and Answers**

(1) Jīn-tiān de bào-zhǐ nǐ kàn-le méi-yǒu?
今 天 的 报 纸 你 看 了 没 有 ?

Have you read today's newspaper?

Meí-yǒu.

没 有。

No.

(2) **Nǐ kàn-lě jīn-tiān dě bào-zhǐ méi-yǒu?**

你看了今天的报纸没 有？

Have you read today's newspaper?

Kàn-lě

看了。

Yes.

(3) **Jīn-tiān nǐ kàn-lě bào-zhǐ méi-yǒu?**

今天你看了报纸没 有？

Have you read today's newspaper?

Hái méi-yǒu.

还 没 有。

Not yet.

Dì-shí-bā Kè
第十八课
Lesson 18

Zhōu-mò Dè Jié-mù
周 末 的 节 目
Weekend Programmes

I. Cí Hé Cí-zǔ
词和词组

Words and Word Compounds

	zhǒng	
1.	种	Classifier
	pàng	
2.	胖	Fat
	zhōu-mò	
3.	周 末	Weekend
	jié-mù	
4.	节目	Programme
	diào-yú	
5.	钓鱼	Fishing
	cān-jiā	
6.	参加	Join
	xìng-qù	
7.	兴趣	Interest
	pǎo-bù	
8.	跑步	Jogging

II. Rì-cháng Yòng-yǔ
日 常 用 语　　　Common Expressions

meí xiǎng-dào
1.　没 想 到　　　Have not thought of

yào bù yǎo
2.　要 不 要　　　Want or not

bǐ-jiào hǎo
3.　比 较 好　　　Had better; prefer

duō duō yùn-dòng
4.　多 多 运 动　　　Do more exercises

III. Duì-huà
对 话　　　Dialogue

A. : Lǎo-Chén, yòu shì zhōu-mò le, yǒu shén-mě jié-mù mǎ?

老 陈，又 是 周 末 了，有 什 么 节 目 吗 ？

Chen, it's weekend again. Do you have any programme?

B. : Jīn wǎn yuē-lě nǚ péng-yǒu chū-qù.

今 晚 约 了 女 朋 友 出 去。

I have a date with my girl friend this evening.

A. : Míng-tiān ně?

明 天 呢 ？

What about tomorrow?

B. : Míng-tiān? Wǒ hái méi xiǎng-dào yào zuò shén-me?

明 天 ? 我 还 没 想 到 要 做 什 么 ?

Tomorrow? I haven't thought of what to do yet.

A. : Péng-yǒu yuē-le wǒ qù diào-yú, nǐ yào bú yào cān-jiā?

朋 友 约 了 我 去 钓 鱼,你 要 不 要 参 加 ?

A friend of mine has asked me to go fishing with him. Do you like to join us?

B. : Diào-yú wǒ méi yǒu xìng-qù, wǒ hái-shì qù pǎo-bù bǐ-jiào hǎo.

钓 鱼 我 没 有 兴 趣,我 还 是 去 跑 步 比 较 好。

I am not interested in fishing. I prefer jogging.

A. : Nà shì yì-zhǒng hěn hǎo de yùn-dòng.

那 是 一 种 很 好 的 运 动。

That's a good form of exercise.

B. : Nǐ nà-me pàng, wǒ kàn nǐ děi duō duō yùn-dòng.

你 那 么 胖,我 看 你 得 多 多 运 动。

You are so fat. I think you should do more exercise.

A. : Nà wǒ jiù bú qù diào-yú, gēn nǐ qù pǎo-bù hǎo le.

那 我 就 不 去 钓 鱼,跟 你 去 跑 步 好 了。

In that case, I shall not go fishing but go jogging with you instead.

A. Jù-xíng
句 型

Sentence Patterns

hǎo
好

bǐ-jiào hǎo
比较 好

pǎo-bù bǐ-jiào hǎo
跑 步 比较 好

qù pǎo-bù bǐ-jiào hǎo
去 跑 步 比较 好

hái-shì ù pǎo-bù bǐ-jiào hǎo
还 是 去 跑 步 比较 好

jīn-tiān hái-shì qù pǎo-bù bǐ-jiào hǎo
今 天 还 是 去 跑 步 比较 好

Wǒ jīn-tiān hái-shì qù pǎo-bù bǐ-jiào hǎo
我 今 天 还 是 去 跑 步 比较 好

B. Wèn-dá
问 答

Questions and Answers

(1) Xiān-shēng, nín yào bǔ yào mǎi yì-běn bā-shì zhǐ-nán?

先 生，您要不要 买一本巴士指 南？

Sir, would you like to buy a copy of the Bus Guide?

Hǎo-dě.

好 的。

Yes.

(2) Lǎo-Chén, nǐ yào bǔ yào chī diǎnr dōng-xi?

老 陈，你要不要 吃 点 儿东西？

Chen, do you like to eat something?

Bǔ! Wǒ bù xiǎng chī.

不！我 不 想 吃。

No, I don't.

(3) Nǐ yào bǔ yào liú huà gěi Chén xiān-shēng?

你要不要留话给 陈 先 生？

Do you wish to leave a message for Mr Chen?

Bú yào-yǐn, wǒ dāi-huìr zài lái.

不要 紧，我待会儿再来。

Never mind. I'll come again afterwards.

V. Hàn-yǔ Pīn-yīn Liàn-xí
汉 语 拼 音 练 习

Pronunciational Drills with Pinyin.

ai	āi	ái	ǎi	ài
ao	āo	áo	ǎo	ào
ei	ēi	éi	ěi	èi
ou	ōu	óu	ǒu	òu

Dì-shí-jiǔ Kè
第十九课
Lesson 19

Kàn Diàn-yǐng
看 电 影
To See A Film Show

I. Cí Hé Cí-zǔ
词和词组

Words and Word Compounds

	bù	
1.	部	Classifier
	pà	
2.	怕	Afraid
	jiē	
3.	接	Fetch
	yì-si	
4.	意思	Intention
	yǐng-piàn	
5.	影片	Film
	fàng yìng	
6.	放映	Screen
	lín-shí	
7.	临时	There and then
	rú-guǒ	
8.	如果	If
	pái-duì	
9.	排队	Queue up

10.	mǎi piào 买 票	Buy tickets
11.	jué-dìng 决 定	Decide
12.	jiàn-miàn 见 面	Meet
13.	kāi-chē 开 车	Driving a car
14.	yí-hào wèi 一 号 位	Back stalls
15.	tè-bié wèi 特 别 位	Circle
16.	gōng-gòng jià-qī 公 共 假 期	Public holiday

II. Rì-cháng Yòng-yǔ
日 常 用 语 Common Expressions

1.	kàn diàn-yǐng 看 电 影	To see a film
2.	kuò-qǐ-lái 阔 起 来	Liberal with money

114

III. Duì-huà
对 话   **Dialogue**

Huáng: Lǎo-Lín, míng-tiān shǐ gōng-gòng jià-qī, nǐ yǒu méi yǒu

黄：   老林，明 天 是 公 共 假期，你 有 没 有

      yì-sǐ qù kàn yì-chǎng diàn-yǐng?

      意思去看一场 电 影？

Huang: Mr Lin, tomorrow is a public holiday. Do you
          intend to see a film?

Lín: Hǎo wǎ! Yǒu shén-mě hǎo dě yǐng-piàn mǎ?

林：   好哇！有 什 么 好 的 影 片 吗？

Lin: Yes. Is there any good film?

Huáng: Zuì-jìn zài Zhōng-huá fàng-yìng dě nà bù yǐng-piàn,

黄：   最近 在 中 华 放 映 的 那部 影 片，

      tīng-shuō hen bú-cuò.

      听 说 很 不错。

Huang: The film being screened at the Zhong Hua Cinema
          is said to be quite good.

Lín;   Lín-shí mǎi dě dào piào mǎ?

林：   临 时 买 得 到 票 吗？

Lin: Do you think we can get tickets there and then?

115

Huáng: Bú yào-jǐn, rú-guǒ mǎi bú dào yí-hào wèi de piào,

黄: 不要紧,如果买不到一号位的票,

wǒ-mén jiù mǎi tè-bié wèi.

我们就买特别位。

Huang: Nevermind. If we cannot get tickets for back stalls, we shall buy the circle seats.

Lín: Zěn-me zuì-jìn kuò-qǐ-lái le?

林: 怎么最近阔起来了?

Lin: How is that you have become so liberal with money lately?

Huáng: Bié kāi wán-xiào le, wǒ zhè ge rén zuì pà pái-duì mǎi piào.

黄: 别开玩笑了,我这个人最怕排队买票。

Huang: Don't pull my leg. I dislike having to queue up for tickets.

Lín: Hǎo! Jiù zhè-me jué-dìng. Míng-tiān wǒ-mén zài nǎr

林: 好!就这么决定。明天我们在哪儿

jiàn-miàn?

见面?

Lin: Well, so be it. Where shall we meet tomorrow?

Huáng: Zhōng-wǔ shí-èr-diǎn wǒ kāi-chē lái jiē nǐ.

黄: 中午十二点我开车来接你。

Huang: I'll pick you up in my car at noon.

Lín:	Hǎo! Míng-tiān jiàn.
林:	好！明 天 见。
Lin:	All right. See you tomorrow.

IV Liàn-xí
练 习   **Practice**

A. Jù-xíng
句 型   **Sentence Patterns**

wǒ 我 tā 他	zuì 最	pà 怕	pái-duì 排队 kāi-chē 开车	mǎi piào 买 票 jìn shì-qū 进市区

B. Wèn-dá
问 答   **Questions and Answers**

(1)   Nǐ yǒu méi yǒu huà yào duì tā shuō?

你 有 没 有 话 要 对 她 说 ？

Do you have anything to say to her?

Wǒ yǒu hěn duō huà yào duì tā shuō.

我 有 很 多 话 要 对 她 说 。

I have a lot of things to say to her.

(2) Nǐ yǒu méi yǒu shū yào gěi wǒ kàn?

你 有 没 有 书 要 给 我 看？

Do you have any books for me to read?

Wǒ yǒu jǐ-běn shū yào gěi nǐ kàn.

我 有 几本 书 要 给 你 看。

I have a few books for you to read.

(3) Nǐ yǒu méi yǒu shì yào ràng tā zuò?

你 有 没 有 事 要 让 他 做？

Do you have anything for him to do?

Wǒ yǒu yì-xiē shì yào ràng tā zuò.

我 有 一些 事 要 让 他 做。

I have some work for him to do.

118

Dì-èr-shí Kè
第二十课
Lesson 20

Diàn-shì Jié-mù
电 视 节 目
T.V. Programmes

I. Cí Hé Cí-zǔ
词和词组

Words and Word Compounds

suàn
1. 算   Count, regarded as

zuó wǎn
2. 昨 晚   Last night

duì-huà
3. 对 话   Dialogue

kě-xī
4. 可 惜   A pity

gē-chàng
5. 歌 唱   Singing

bǐ-sài
6. 比 赛   Contest

yǒu-shí
7. 有 时   Sometimes

yí-dìng
8. 一 定   Certainly

shōu-kàn
9. 收 看   To watch a programme

	guǎng-dōng huà	
10.	广 东 话	Cantonese
	lián-xù-jù	
11.	连 续 剧	T.V. serial
	xīn-wén piàn	
12.	新 闻 片	Newsreels
	diàn-shì-mí	
13.	电 视 迷	T.V. fan
	liú-xíng gē-qǔ	
14.	流 行 歌 曲	Pop song

II. Rì-cháng Yòng-yǔ
日 常 用 语   Common Expressions

	bù-xíng	
1.	不 行	Won't do
	nǎ-lǐ	
2.	哪 里	Not at all
	tīng bù dǒng	
3.	听 不 懂	Cannot understand
	yǒu shén-me	
4.	有 什 么	What does it matter
	guān-xi	
	关 系	

III. Duì-huà
对 话　　　　　　　　　**Dialogue**

Xǐao-Lǐ:　Lǎo-Huáng, zuó wǎn 《Dé-shì Sī jī》zhè gě diàn-shì
小 李：　老 黄，昨 晚《德士司机》这个电视

jié-mù, nǐ yǒu méi-yǒu kàn?
节 目，你 有 没 有 看？

Xiao Li:　Huang, did you watch the T.V. programme "Taxi Drivers" last night?

Lǎo-Huáng:　Wǒ dě guǎng-dōng huà bù-xíng, tīng bǔ dǒng tā-mén
老 黄：　我 的 广 东 话不 行，听 不 懂 他 们

dě duì-huà.
的 对 话。

Lao Huang:　My Cantonese won't do. I cannot understand their dialogue.

Xǐao-Lǐ:　Zhè shǐ yí-gè hěn hǎo dě jié-mù, nǐ méi kàn shí-zài
小 李：　这 是 一个 很 好 的节目，你 没 看 实 在

kě-xī.
可 惜。

Xiao Li:　This is a very good programme. It's a pity that you did not watch it.

121

Lǎo-Huáng:　Zhè yǒu shén-mě guān-xi? Měi xīng-qī dě gē-chàng
老　黄：　这有 什 么 关系?每 星 期 的 歌 唱

　　　　　 jié-mù hé liú-xíng gē-qǔ bǐ-sài,　wǒ dōu méi yǒu
　　　　　节 目 和 流 行 歌 曲 比赛，我 都 没 有

　　　　　 cuò-guò.
　　　　　错 过。

Lao Huang:　What does it matter? I have never missed the singing and talent time programmes telecast every week.

Xiǎo-Lǐ:　Nà nǐ kàn bǔ kàn huá-yǔ lián-xù-jù?
小李：　那你看 不 看 华 语 连 续 剧 ?

Xiao Li:　Then, do you watch the Mandarin serial?

Lǎo-Huáng:　Wǒ yǒu-shí kàn, yǒu-shí méi kàn. Bú-guò, xīn-wén
老　黄：　我 有 时 看，有 时 没 看。不过，新 闻

　　　　　 hé xīn-wén piàn, wǒ shi yí-dìng shōu-kàn dě.
　　　　　和 新 闻 片，我 是 一 定 收 看 的。

Lao Huang:　Sometimes I watch and sometimes I don't, but I make it a point to watch news and newsreels.

Xiǎo-Lǐ: Nǐ kàn de jié-mù bù shǎo, yě suàn shì yí-gè
小李: 你看的节目不少,也算是一个

diàn-shì-mí le.
电视迷了。

Xiao Li: You seem to watch quite a number of
programmes. You can be regarded as a T.V. fan.

Lǎo-Huáng: Nǎ-lǐ! Wǒ de mā-ma cái shì yí-gè diàn-shì-mí, tā lián
老黄: 哪里!我的妈妈才是一个电视迷,她连

Mǎ-lái piàn, Yìn-dù piàn yě kàn ne!
马来片、印度片也看呢!

Lao Huang: Not at all! My mother is truly a T.V. fan. She
watches even Malay and Tamil films.!

IV. Liàn-xí
练习   Practice

A. Jù-xíng
句型   Sentence Patterns

(1a) Xīn-wén hé xīn-wén piàn wǒ shì yí-dìng shōu-kàn de.
新闻和新闻片我是一定收看的。

(1b) Wǒ shì yí-dìng shōu-kàn xīn-wén hé xīn-wén piàn de.
我是一定收看新闻和新闻片的。

123

(2a) Jīn-tiān de shè-lùn nǐ kàn-le méi-yǒu?

今 天 的 社 论 你 看 了 没 有 ？

(2b) Nǐ kàn-le jīn-tiān de shè-lùn méi-yǒu?

你 看 了 今 天 的 社 论 没 有 ？

(3a) Tā de yì-si wǒ yì-diǎnr yě bù dǒng.

他 的 意 思 我 一 点 儿 也 不 懂。

(3b) Wǒ yì-diǎnr yě bù dǒng tā de yì-si.

我 一 点 儿 也 不 懂 他 的 意 思。

B. Wèn-dá
问 答   Questions and Answers

(1) Zhè ge lǐ-bài tā rú-guǒ bù lái, yǒu shén-me guān-xi ma?

这 个 礼 拜 他 如 果 不 来，有 什 么 关 系 吗 ？

Does it matter if he doesn't come this week?

Yì-diǎnr guān-xi yě méi yǒu.

一 点 儿 关 系 也 没 有。

Not at all.

(2) Zhè jiàn gōng-zuò wǒ rú-guǒ bú zuò, huì yǒu shén-me

这 件 工 作 我 如 果 不 做，会 有 什 么

guān-xi?

关 系 ？

If I don't do this piece of work, does it matter?

Yǒu hěn dà de guān-xi.

有 很 大 的 关 系。

Yes, it matters a great deal.

(3) Zhè ge yuē-huì nǐ rú-guǒ bú qù, yǒu méi yǒu guān-xi?

这 个 约 会 你 如 果 不 去，有 没 有 关 系？

Does it matter if you do not keep this appointment?

Méi guān-xi.

没 关 系。

No, it doesn't.

V. Hàn-yǔ Pīn-yīn Liàn-xí
   汉 语 拼 音 练 习

Pronunciational Drills
with Pinyin.

	ai	ao	ei	ou
z	zai	zao	zei	zou
zh	zhai	zhao	zhei	zhou

Dì-èr-shí-yī Kè
第二十一课
Lesson 21

Shàng Bā-shā
上　巴刹
Marketing

I. Cí Hé Cí-zǔ
词和词组

Words and Word Compounds

1.	lå 啦	Final particle
2.	ná 拿	Take
3.	yā 鸭	Duck
4.	zhǐ-hǎo 只好	Have to
5.	zì-jǐ 自己	One's own
6.	zhàng-fǔ 丈夫	Husband
7.	bāo-cài 包菜	Cabbage
8.	gōng-jīn 公斤	Kilo
9.	cài-xīn 菜心	A kind of vegetable

		fàng-xīn	
10.		放 心	Don't worry
		xīn-xiān	
11.		新 鲜	Fresh
		zhī-dǎo	
12.		知 道	Know
		qǐ jià	
13.		起 价	An Increase in price
		xīn-nián	
14.		新 年	New Year
		jià-qián	
15.		价 钱	Price
		niú-ròu	
16.		牛 肉	Beef
		yáng-ròu	
17.		羊 肉	Mutton

II. Rì-cháng Yòng-yǔ
日　常　用　语　Common Expressions

		shàng bā-shā	
1.		上 巴 刹	Marketing
		zhēn dě mǎ	
2.		真 的 吗	Is it true?

127

III. Duì-huà
对 话

Dialogue

Xiǎo-fàn:
小 贩：
    Lín xiān-shēng zǎo, jīn-tiān nín zěn-me yí-gè rén
    林先 生 早，今天 您 怎么 一个人

    shàng bā-shā ně?
    上 巴刹呢？

Hawker:
    Good morning, Mr Lin. How is that you are
    doing marketing alone today?

Lín xiān-shēng:
林 先 生：
    Tài-tài bìng lě, wǒ zhǐ-hǎo zì-jǐ lái lǎ.
    太太 病了，我 只 好自已来啦。

Mr Lin:
    My wife is ill. I have no choice but to come
    alone.

Xiǎo-fàn:
小 贩
    Nǐ zhēn shǐ yí-gè hǎo zhàng-fǔ. Yào mǎi xiē
    你真 是一个好丈 夫。要 买些

    shén-me cài yǎ?
    什 么菜呀？

Hawker:
    You are indeed a good husband. What types of
    vegetables would you like to have?

Lín xiān-shēng:　Wǒ yào yí-gè bāo-cài, bàn-gōng-jīn cài-xīn, qǐng gěi

林先生：　我要一个包菜、半公斤菜心，请给

wǒ hǎo de.

我好的。

Mr Lin:　I want a cabbage and half a kilo of cai xin.
Please let me have some good ones.

Xiǎo-fàn:　Nín fàng-xīn hǎo le, wǒ mài de cài dōu shì

小贩：　您放心好了，我卖的菜都是

xīn-xiān de.

新鲜的。

Hawker:　Don't worry. All the vegetables I sell are fresh.

Lín xiān-shēng:　Nǐ gěi wǒ bāo hǎo, wǒ xiān qù mǎi xiē yú ròu zài

林先生：　你给我包好，我先去买些鱼肉再

huí-lái ná.

回来拿。

Mr Lin:　Please have them wrapped. I'm going to buy
some fish and pork. I'll be back.

Xiǎo-fàn:　Hǎo-de.

小贩：　好的。

Hawker:　All right.

Lin xiān-shěng: Bù zhī-dào zuì-jìn jī yā yǒu méi-yǒu qǐ jià?

林 先 生： 不 知 道 最 近 鸡 鸭 有 没 有 起 价 ?

Mr Lin: Has there been an increase in the price of poultry?

Xiǎo-fàn: Yīn-wèi Huá rén xīn-nián kuài dào le, jī yā de

小 贩： 因 为 华 人 新 年 快 到 了, 鸡 鸭 的

jià-qiàn qǐ-le bù shǎo.

价 钱 起 了 不 少。

Hawker: As Chinese New Year is fast approaching, prices of poultry have increased considerably.

Lín xiān-shěng: Zhēn de mǎ? Nà wǒ zhǐ-hǎo chī niú-ròu hé

林 先 生： 真 的 吗? 那 我 只 好 吃 牛 肉 和

yáng-ròu le.

羊 肉 了。

Mr Lin: Is it true? Then I'd better take beef or mutton instead.

IV. Liàn-xí
练 习   Practice

A. Jù-xíng
句 型   Sentence Patterns

wǒ-mẹn 我 们	xiān 先	qù 去	hē chá 喝茶 chī fàn 吃饭 mǎi piào 买 票	zài 再	shuō 说 tán 谈 lái 来

B. Wèn-dá
问 答   Questions and Answers

(1) Zuì-jìn dẹ jī yā zěn-mẹ zhè-yàng guì?

最 近 的 鸡 鸭 怎 么 这 样 贵 ?

Why are chickens and ducks so expensive lately?

Yīn-wẹi Huá rèn-xīn nián kuài dào lẹ.

因 为 华 人 新 年 快 到 了。

It's because Chinese New Year is fast approaching.

(2) Jīn-tiān nǐ dẹ tài-tại zěn-mẹ bú shàng bā-shā?

今 天 你 的 太 太 怎 么 不 上 巴 刹 ?

Why is your wife not going to the market today?

Yīn-wèi tā bìng lě.

因 为 她 病 了。

It's because she is ill.

(3) Lín xiān-shěng, zěn-mě jīn-tiān zhǐ mǎi ròu, bù mǎi yú?

林 先 生，怎 么 今 天 只 买 肉 不 买 鱼 ?

Mr Lin, why do you buy only meat and not fish today?

Yīn-wèi yú tài guì lě.

因 为 鱼 太 贵 了。

It's because fish is too expensive.

Dì-èr-shí-èr Kè
第二十二课
Lesson 22

Dào Chāo-jí Shì-chǎng Qù
到 超 级 市 场 去
Going To A Supermarket

I. Cí Hé Cí-zú
词和词组

Words and Word Compounds

xiàng
1. 像
Such as; like

mǐ
2. 米
Rice

táng
3. 糖
Sugar

gōng-dào
4. 公 道
Fair

shí-cháng
5. 时 常
Often

guǎng-gào
6. 广 告
Advertisement

bié-de
7. 别 的
Others

yá-gāo
8. 牙 膏
Toothpaste

féi-zào
9. 肥 皂
Soap

	pián-yi	
10.	便宜	Cheap
	guàn-tóu	
11.	罐头	Tinned food
	rén-jiā	
12.	人家	Other people
	dāng-rán	
13.	当然	Of course
	tè-jià-pǐn	
14.	特价品	Special offer
	rì-yòng-pǐn	
15.	日用品	Daily necessities
	chāo-jí shì-chǎng	
16.	超级市场	Supermarket

II. Rì-cháng Yòng-yǔ
日 常 用 语   **Common Expressions**

	zhuàn qián	
1.	赚钱	Make a profit
	xiāng-dāng hé-lǐ	
2.	相当合理	Quite reasonable

III. Duì-huà
对话
Dialogue

Wáng tài-tai: Liú tài-tai, xiǎng-bu-dào wǒ-men zài zhè-lǐ jiàn-miàn.

王 太太： 刘太太，想 不到我 们在这里见 面。

Mrs Wong: Mrs Liu, I never expected that we would run into each other here.

Liú tài-tai: Shì a! Nǐ yě lái mǎi dōng-xi ya?

刘太太： 是啊！你也来买东 西呀？

Mrs Liu: Yes. Are you here shopping too?

Wáng tài-tai: Zhè-lǐ de jià-qián gōng-dào, hái shí-cháng yǒu

王 太太： 这里的价钱 公 道，还时 常 有

tè-jià-pǐn nè.

特价品呢。

Mrs Wong: Prices here are fair. Moreover, they often have special offers.

Liú tài-tai: Nǐ shuō de duì. Wǒ jiù shì kàn-le bào-shàng de

刘太太： 你 说 得对。我就是看了报 上 的

guǎng-gào cái lái de.

广 告才来的。

Mrs Liu: You are quite right. I'm here after seeing the advertisements in the newspapers.

135

Wáng tài-tai: Bù shuō bié-de, jiù shuō rì-yòng-pǐn bā, xiàng yá-gāo,

王　太太：　不　说　别的，就　说　日用　品吧，像　牙膏、

féi-zào, dōu bǐ bié-de dì-fang pián-yi.

肥皂，都　比　别的　地方　便宜。

Mrs Wong: Not to mention others, prices of such daily necessities as toothpaste, soap, etc are cheaper than those in other places.

Liú tài-tai: Hái yǒu, guàn-tóu de jià-qián yě xiāng-dāng hé-lǐ.

刘太太：　还　有，罐　头的　价钱　也　相　　当　合理。

Mrs Liu: Prices of tinned food are also quite reasonable.

Wáng tài-tai: Bú-guò, yǒu xiē dōng-xi, xiàng mǐ la, táng la, jiù bǐ

王　太太：　不过，有　些　东　西，像米啦、糖啦，就　比

rén-jiā guì-le yì-diǎnr.

人家　贵了　一　点　儿。

Mrs Wong: However, prices of such things as rice and sugar are slightly higher than those of other places.

Liú tài-tai: Dāng-rán la, tā-men rú-guǒ bú zhuàn qián de huà,

刘太太：　当　然啦，他们　如果　不　赚　钱　的话，

shēng-yi zěn-me zuò-xià-qù ne?

生　意怎　么　做下　去呢？

Mrs Liu: Of course, if they don't make a profit, how can they go on with their business?

IV. Liàn-xí
练习　　　　　　　　　Practice

A. Jù-xíng
句型　　　　　　　　　Sentence Patterns

zhè-lǐ de 这里的	jià-qián 价钱	bǐ 比	bié-de dì-fāng 别的地方	pián-yi 便宜
	dōng-xi 东西			guì 贵
	bā-shā 巴刹			qīng-jié 清洁
	xiǎo-fàn zhōng-xīn 小贩中心			dà 大

B. Wèn-dá
问答　　　　　　　　　Questions and Answers

(1)　Tā mài de dōng-xi guì bù guì?

　　他卖的东西贵不贵？

　　Are the things he sells expensive?

　　Bú guì.
　　不贵。

　　Not expensive.

137

(2) Zhè-lǐ dě bā-shā qīng-jié bǔ qīng-jié?

这 里 的 巴 刹 清 洁 不 清 洁 ?

Is the market here clean or not?

Hěn qīng-jié.

很 清 洁。

Very clean.

(3) Nà gě xiǎo-fàn zhōng-xīn dà bǔ dà?

那 个 小 贩 中 心 大 不 大 ?

Is that hawker centre big or not?

Bú dà yě bù xiǎo.

不 大 也 不 小。

Neither big nor small.

V. Hàn-yǔ Pīn-yīn Liàn-xí
汉 语 拼 音 练 习

Pronunciational Drills
with Pinyin.

	ai	ao	ei	ou
c	cai	cao	—	cou
ch	chai	chao	—	chou

Dì-èr-shí-sān Kè
第二十三课
Lesson 23

Guàng Bǎi-huò Gōng-sī
逛 百 货 公 司
Shopping

I. Cí Hé Cí-zǔ
词和词组

Words and Word Compounds

tào
1. 套   A suit

shuāng
2. 双   Pair

jiā xīn
3. 加薪   Pay rise

ér-qiě
4. 而且   Moreover

dā-yìng
5. 答应   Promised

lǐ-wù
6. 礼物   Gift

fú-zhuāng
7. 服 装   Clothes

mó-tèr
8. 模特儿   Model

gāo-gēn-xié
9. 高 跟 鞋   High-heeled shoes

	huà-zhuāng-pǐn	
10.	化 妆 品	Cosmetics

	huà-zhuāng-bù	
11.	化 妆 部	Cosmetic department

	bǎi-huò gōng-sī	
12.	百 货 公 司	Department store

II. Rì-cháng Yòng-yǔ
日 常 用 语   **Common Expressions**

	kàn-kǎn	
1.	看 看	Take a look

	guàng-guǎng	
2.	逛 逛	Strolling; window-shopping

	zǒu-zǒu	
3.	走 走	Go to

	zuò-zuò	
4.	坐 坐	Visit

	bù-dé-liǎo	
5.	不 得 了	Extremely; exceedingly

	wǒ de tiān	
6.	我 的 天	My goodness

III. Duì-huà
对 话 　　　　　Dialogue

Dà-wèi: Mǎ-lì, wǒ-men jìn-qù kàn-kàn hǎo mǎ?

大卫: 玛丽，我们进去看看好吗？

David: Shall we go in and have a look, Mary?

Mǎ-lì: Zhè jiān bǎi-huò gōng-sī, jià-qián guì de bù-dé-liǎo,

玛丽: 这间百货公司，价钱贵得不得了，

wǒ kàn hái-shì qù bié yì-jiān bǎ!

我看还是去别一间吧！

Mary: The things in this department store are extremely expensive. I think it is better if we go to another one instead.

Dà-wèi: Bú yào-jǐn, wǒ shàng gè yuè yǐ-jīng jiā xīn le, ér-qiě wǒ

大卫: 不要紧，我上个月已经加薪了，而且我

dā-yìng-guò yào mǎi yì-liǎng-jiàn lǐ-wù sòng gěi nǐ.

答应过要买一两件礼物送给你。

David: Don't worry. I got a pay rise last month. Moreover, I have promised to buy you a gift or two.

Mǎ-lì: Yě hǎo, wǒ-men jìn-qù kàn-kàn zài shuō.

玛丽: 也好，我们进去看看再说。

Mary: All right. Let's go in and take a look first.

Dà-wèi: Mó-tèr shēn-shàng de nà tào fú-zhuāng, nǐ kàn zěn-me-yàng?

大卫: 模特儿身上的那套服装，你看怎么样？

David: How about that suit of clothes the model is wearing?

Mǎ-lì: Wǒ de tiān, yào bā-shí-kuài qián ne!

玛丽: 我的天，要八十块钱呢！

Mary: My goodness! It costs $80.00.

Dà-wèi: Méi guān-xi, zhǐ-yào nǐ xǐ-huān jiù hǎo le.

大卫: 没关系，只要你喜欢就好了。

David: It doesn't matter, as long as you like it.

Mǎ-lì: Wǒ dào xiǎng mǎi nà shuāng liú-xíng de gāo-gēn-xié.

玛丽: 我倒想买那双流行的高跟鞋。

Mary: In fact, I would like to buy that pair of fashionable high-heeled shoes.

Dà-wèi: Nà jiù mǎi-xià-lái ba.

大卫: 那就买下来吧。

David: Well, buy it then.

Mǎ-lì: Wǒ hái xiǎng mǎi yì-xiē huà-zhuāng-pǐn.

玛丽: 我还想买一些化妆品。

Mary: I thought of buying some cosmetics too.

Dà-wèi: Hǎo ba, wǒ-men guò-qù huà-zhuāng-bù kǎn-kǎn.

大卫： 好吧，我们过去化 妆 部看看。

David: All right. Let's go over to the cosmetic department and have a look.

IV. Liàn-xí
练习   **Practice**

A. Jù-xíng
句型   **Sentence Patterns**

(1)

	dào xiǎng 倒 想		yì-shuāng gāo-gēn-xié 一 双 高跟鞋
wǒ 我	hěn xiǎng 很 想	mǎi 买	yí-tào fú-zhuāng 一套 服 装
	hái xiǎng 还 想		yì-xiē huà-zhuāng-pǐn 一些 化 妆 品

(2)

	dào xiǎng 倒 想		yì-shuāng gāo-gēn-xié 一 双 高跟鞋		mèi-mei 妹妹
wǒ 我	hěn xiǎng 很 想	mǎi 买	yí-tào fú-zhuāng 一套 服 装	sòng gěi 送给	nǚ péng-yǒu 女 朋 友
	hái xiǎng 还 想		yì-xiē huà-zhuāng-pǐn 一些 化 妆 品		tài-tai 太太

B. 问 答　　　　　　**Questions and Answers**

(1) Zhōu-mò wǒ-men qù bǎi-huò gōng-sī guàng-guàng, nǐ

周 末 我 们 去 百 货 公 司 逛　逛，你

kàn zěn-me-yàng?

看 怎 么 样？

Let's go window-shopping in a department store during the week-end. How about it?

Dào shí zài shuō bā.

到 时 再 说 吧。

We shall see when the time comes.

(2) Dāi-huìr wǒ-men qù shū-jú zǒu-zǒu, nǐ kàn zěn-me-yàng?

待 会 儿 我 们 去 书 局 走 走，你 看 怎 么 样？

How about going to the bookstore later?

Duì-bù-qǐ, wǒ méi kòng.

对 不 起，我 没　空。

Sorry, I am not free.

(3) Xià-bān yǐ-hòu, wǒ-men qù lǎo-Chén jiā-lǐ zuò-zuò,

下 班 以后 我 们 去 老 陈 家里坐坐，

nǐ kàn zěn-me-yàng?

你看 怎 么 样？

How about paying Chen a visit after office?

Hǎo wǎ, wǒ yǐ-jīng hěn jiǔ méi kàn-dào tǎ lě.

好 哇，我 已经 很 久 没 看 到他了。

All right! I have not seen him for a long time.

Dì-èr-shí-sì Kè
第二十四课
Lesson 24

Shēn-qǐng Hù-zhào
申 请 护 照
Applying For A Passport

I. **Cí Hé Cí-zǔ**
   词和词组　　　　　**Words and Word Compounds**

tián
1. 填　　　　　Fill in

zhāng
2. 张　　　　　Copy (classifier)

shēn-qǐng
3. 申 请　　　　　Apply

hù-zhào
4. 护 照　　　　　Passport

biǎo-gé
5. 表 格　　　　　Forms

guì-tái
6. 柜 台　　　　　Counter

zhèng-jiàn
7. 证 件　　　　　Documents

xiàng-piàn
8. 相 片　　　　　Photographs

	fù-jìn	
9.	附近	Nearby
	jiē-dài-yuán	
10.	接待员	Receptionist
	jū-mín-zhèng	
11.	居民证	Identity card
	zhào-xiàng-guǎn	
12.	照相馆	Photo studio

II. Rì-cháng Yòng-yǔ
日 常 用 语　　Common Expressions

	zěn-me bàn	
1.	怎么办	What to do
	yí-xià-zi	
2.	一下子	A short while

III. Duì-huà
对 话　　Dialogue

Shēn-qǐng rén:　Xiǎo-jiě, zhèr shì bù shì ná shēn-qǐng biǎo-gé de

申 请 人：　小姐，这儿是不是拿申 请表 格的

　　　　　　dì-fāng?

　　　　　　地方 ?

Applicant:　Miss, is this the place where application forms are obtainable?

147

Jiē-dài-yuán:　　Qǐng-wèn nǐ yào shēn-qǐng shén-me?

接待员：　　　请问你要申请什么？

Receptionist:　　What are you applying for, please?

Shēn-qǐng rén:　　Wǒ yào shēn-qǐng guó-jì hù-zhào.

申请人：　　　　我要申请国际护照。

Applicant:　　I wish to apply for an international passport.

Jiē-dài-yuán:　　Hǎo, zhè jiù shǐ shēn-qǐng biǎo-gé, tián-hǎo le

接待员：　　　好，这就是申请表格，填好了

　　　　　　　qǐng nǐ ná-dào shí-bā-hào guì-tái.

　　　　　　　请你拿到十八号柜台。

Receptionist:　　Well, these are the forms. After you have filled

　　　　　　　in the forms, bring them to Counter 18.

Shēn-qǐng rén:　　Xiè-xie. Qǐng-wèn shēn-qǐng hù-zhào yào xiē

申请人：　　　谢谢。请问申请护照要些

　　　　　　　shén-me zhèng-jiàn？

　　　　　　　什么证件？

Applicant:　　Thank you. May I know what documents are

　　　　　　　required in connection with the application for

　　　　　　　a passport?

148

Jiē-dài-yuán:	Zhǐ-yào dài jū-mín-zhèng hé sān-zhāng
接待员：	只要带居民 证和三 张
	xiàng-piàn jiù xíng le.
	相 片就行了。

| Receptionist: | You have only to bring along your identity card and three copies of your photographs. |

Shēn-qǐng rén:	Zāo-le, wǒ zhǐ dài-le liǎng-zhāng xiàng-piàn lái,
申 请 人：	糟了，我只带了两 张 相 片来，
	zěn-me bàn?
	怎么办？

| Applicant: | Oh dear! I have only brought along two copies of my photographs. What shall I do? |

Jiē-dài-yuán:	Bú yào-jǐn, fù-jìn yǒu yì-jiān zhào-xiàng-guǎn,
接待员：	不要紧附近有一间照 相 馆，
	yí-xià-zi nǐ jiù kě-yǐ ná-dào xiàng-piàn le.
	一下子你就可以拿到相 片了。

| Receptionist: | Never mind. There is a photo studio nearby. You can get your photographs in a short while. |

| Shēn-qǐng rén: | Xiè-xiè nǐ. |
| 申 请 人： | 谢谢你。 |

| Applicant: | Thank you. |

149

IV. Liàn-xí
练习
Practice

A. Jù-Xíng
句型
Sentence Patterns

yí-huìr 一会儿				tīng-dào xīn-wén 听 到 新 闻	
	nǐ 你	jiù 就	Kě-yǐ 可以	Kàn-dào bào-zhǐ 看 到 报 纸	le 了
yí-xià-zi 一下子				ná-dào biǎo-gé 拿 到 表 格	

B. Wèn-dá
问答
Questions and Answers

(1) Rú-guǒ wǒ dā bú dào bā-shì, zěn-me bàn?

如 果 我 搭 不 到 巴 士, 怎 么 办 ?

If I cannot get a bus, what shall I do?

Nǐ kě-yǐ zuò dé-shì ǎ.

你 可 以 坐 德 士 啊 。

You can take a taxi.

(2) Rú-guǒ tā dài dẻ qián bú gòu, zěn-mẻ bàn?

如 果 他 带 的 钱 不 够，怎 么 办 ？

If he has not brought enough money with him, what should he do?

Wǒ-mẻn kẻ-yǐ xiān ná gěi tả yả.

我 们 可 以 先 拿 给 他 呀 。

We can give him the money first.

(3) Rú-guǒ chē-zǐ chū-lẻ máo-bìng, zěn-mẻ bàn?

如 果 车 子 出 了 毛 病，怎 么 办 ？

If the car breaks down, what shall I do?

Wǒ kẻ-yǐ kāi-chē lái jiē nǐ yả.

我 可 以 开 车 来 接 你 呀 。

I can pick you up in my car.

V. Hàn-yǔ Pīn-yīn Liàn-xí   Pronunciational Drills
汉 语 拼 音 练 习   with Pinyin

	ai	ao	ei	ou
s	sai	sao	—	sou
sh	shai	shao	shei	shou

151

Dì-èr-shí-wǔ Kè
第二十五课
Lesson 25

Zài Yóu-zhèng-jú Lǐ
在 邮 政 局 里
At The Post Office

I. Cí Hé Cí-zǔ
词和词组

Words and Word Compounds

	jiāo	
1.	交	Pay
	jì	
2.	寄	Post
	fēng	
3.	封	Classifier (for a letter)
	zhòng	
4.	重	Heavy
	huā	
5.	花	Spend
	bāo-guǒ	
6.	包 裹	Parcel
	Yīng-guó	
7.	英 国	United Kingdom
	yóu-fèi	
8.	邮 费	Postage
	Kǒng-pà	
9	恐 怕	Fear

	píng-yóu	
10.	平 邮	Surface mail

	Kōng-yóu	
11.	空 邮	Airmail

	wèi-le	
12.	为 了	For the sake of

	yóu-zhèng-jú	
13.	邮 政 局	Post office

	zhí-zhào-fèi	
14.	执 照 费	Licence fee

	guà-hào xìn	
15.	挂 号 信	Registered letter

	cān-kǎo shū	
16.	参 考 书	Reference books

	chǔ-xù yín-háng	
17.	储 蓄 银 行	Savings bank

II. Rì-cháng Yòng-yǔ
日 常 用 语   Common Expressions

	bù-dé bù	
1.	不 得 不	Have to

	jí-zhe yào yòng	
2.	急 着 要 用	Need urgently

III. Duì-huà
对 话　　　　　　　　**Dialogue**

Zhào:　Lǎo-Chén, lái chǔ-xù yín-háng ná qián shǐ ma?

赵：　老 陈，来储蓄银 行拿钱是吗？

Zhao:　Chen, have you come to the savings bank to withdraw money?

Chén:　Bù! Wǒ shǐ lái jiāo diàn-shì zhí-zhào-fèi de. Nǐ ne?

陈：　不!我是来交 电视执 照费的，你呢？

Chen:　No. I am here to pay the TV licence fee. What about you?

Zhào:　Wǒ yào jì yì-fēng guà-hào xìn hé yí- gě bāo-guǒ dào Yīng-guó

赵：　我要寄一封挂 号信和一个包 裹到英 国

　　　gěi wǒ dì-dì.

　　　给我弟弟。

Zhao:　I am sending a registered letter and a parcel to my younger brother in the United Kingdom.

Chén:　Zhè gě bāo-guǒ kàn-qǐ-lái hǎo zhòng, shǐ shén-me dōng-xǐ

陈：　这个包 裹看起来好 重，是什么东西

　　　yǎ?

　　　呀？

Chen:　This parcel looks heavy. What is it?

154

Zhào: Shì jǐ-běn cān-kǎo shū.

赵: 是几本 参 考 书。

Zhao: It contains a few reference books.

Chén: Wǒ xiǎng yóu-fèi kǒng-pà bù shǎo ba!

陈: 我 想 邮费 恐 怕不 少 吧！

Chen: I fear the postage will cost you quite a sum.

Zhào: Rú-guǒ jì píng-yóu, yóu-fèi jiù bú huì hěn guì, kě-shì wǒ dì-dǐ

赵: 如果寄平 邮，邮费 就 不会 很 贵，可是我弟弟

jí-zhě yào yòng zhè xiē cān-kǎo shū.

急着要 用 这些 参 考 书。

Zhao: The postage will not be much if I send it by surface mail,
but my younger brother needs these reference books
urgently.

Chén: Nà-mě, nǐ bù-dé bù jì kōng-yóu lě.

陈: 那 么，你 不得不寄空 邮 了。

Chen: So you have to send it by airmail.

Zhào: Wèi-lě kuài yì-diǎnr, wǒ zhǐ-hǎo duō huā diǎnr yóu-fèi.

赵: 为 了 快一点 儿，我 只 好 多 花点 儿邮 费。

Zhao: For the sake of getting it there faster, I have to spend a
little more on postage.

IV. Liàn-xí
练习
Practice

A. Jù-xíng
句型
Sentence Patterns

zhè 这	gè 个	rén 人	Kàn-qǐ-lái 看起来	hǎo 好	pàng 胖
	jiān 间	wū-zi 屋子			dà 大
	jiàn 件	shì-qíng 事情			má-fǎn 麻烦

B. Wèn-dá
问答
Questions and Answers

(1) Nǐ jìn-lái kǒng-pà hěn máng ba?

你 近来 恐 怕 很 忙 吧？

You must have been very busy lately?

Shì a! Wǒ dí-què hěn máng.

是啊! 我的确很 忙。

Yes. I am really very busy.

(2) Tā kǒng-pà wàng-le wǒ-men de yuē-huì ba?

她恐 怕 忘 了我 们 的 约 会 吧？

She must have forgotten our appointment?

156

Wǒ xiǎng tā bú huì.

我 想 她 不会。

I don't think she has.

(3) Tā dẻ shēng-yǐ kǒng-pà bú huì hěn hǎo bǎ?

他的 生 意恐 怕不会 很 好吧？

His business may not have been very good.

Nǐ cuò lẻ, tā dẻ shēng-yǐ hǎo dẻ bù-dé-liǎo.

你错了，他的 生 意好得不得了。

You are wrong. His business is very good.

第二十六课 度假
Lesson 26   On Vacation

I. Cí Hé Cí-zǔ
词和词组   **Words and Word Compounds**

dù-jià
1. 度假   On vacation

wài-dì
2. 外地   Abroad

Xiāng-gǎng
3. 香港   Hong Kong

qīn-qī
4. 亲戚   Relative

xìng-yùn
5. 幸运   Lucky; fortunate

shèng-xià
6. 剩下   Left

āi-yō
7. 哎哟   Exclamation

nán-dé
8. 难得   Hard to come by

jī-huì
9. 机会   Opportunity

		lǔ-xíng	
10.		旅行	Travel
		fù qián	
11.		付钱	Pay for
		dǎ-zhēn	
12.		打针	Inoculation; injection
		zhòng-dòu	
13.		种痘	Vaccination
		bàn jià	
14.		半价	Half the price
		lái-huí jī-piào	
15.		来回机票	Return air ticket
		cháng-nián jià-qī	
16.		常年假期	Annual leave
		wú-xīn jià-qī	
17.		无薪假期	No-pay leave

II. Rì-cháng Yòng-yǔ
日　常　用　语　　Common Expressions

		wánr-wǎnr	
1.		玩 玩	Have fun
		suàn lě bǎ	
2.		算了吧	Take it easy

III. Duì-huà
对 话

Dialogue

Lǐ xiǎo-jiě:
李小姐:

Huáng xiǎo-jiě, tīng-shuō nǐ yào shēn-qǐng jià-qī,
黄 小姐，听 说你要 申请假期，

dǎ-suàn qù wài-dì dù-jià shǐ mǎ?
打 算 去外地度假是吗？

Miss Li:

Miss Huang, I hear you are applying for leave. Are you going for a vacation abroad?

Huáng xiǎo-jiě:
黄 小姐:

Xiāng-gǎng dě qīn-qī sòng wǒ yì-zhāng lái-huí
香 港的亲戚送 我一 张 来回

jī-piào, jiào wǒ qù nàr wánr-wánr.
机票，叫 我去那 儿玩玩。

Miss Huang:

A relative in Hong Kong has sent me a return air ticket, asking me to go there for a holiday.

Lǐ xiǎo-jiě:
李小姐:

Wā! Nǐ zhēn xìng-yùn, rú-gǔo shǐ wǒ, zǎo jiù fēi-qù
哇!你 真 幸 运，如果 是我，早 就飞去

Xiāng-gǎng lě.
香 港了。

Miss Li:

Wow! You are really lucky. If I were you, I would have flown off to Hong Kong long ago.

Huáng Xiǎo-jiě: Nǐ zhī-dào mǎ? Wǒ de cháng-nián jià-qī zhǐ

黄　小姐： 你知道吗?我的　常　年假期只

shèng-xià sān tiān bà-le.

剩　下三天吧了。

Miss Huang: You don't understand. I have only three days of annual leave left.

Lǐ xiǎo-jiě: Āi-yō! Wǒ de hǎo xiǎo-jiě, zhè shì yí-ge nán-dé de

李小姐： 哎哟!我的好　小姐,这是一个难得的

jī-huì, nǐ kě- yǐ shēn-qǐng bàn-ge yuè de wú-xīn

机会,你可以申　请　半个月的无薪

jià-qī yǎ!

假期呀！

Miss Li: Ai-yo! My dear girl. This is an opportunity hard to come by. You can apply for half a month's no pay leave !

Huáng xiǎo-jiě: Nà wǒ de xīn-shuǐ bú shì shèng-xià yí-bàn le mǎ?

黄　小姐： 那我的薪　水不是　剩　下一半了吗？

Miss Huang: Won't I be left with half the salary then?

Lǐ xiǎo-jiě:　Suàn le ba! Rén-jiā qù wài-dì lǚ-xíng, shén-me
李小姐：　算了吧!人家去外地旅行，什么

dōu yào zì-jǐ fù qián ne!
都要自己付钱呢！

Miss Li:　Take it easy. Other people have to travel
abroad at their own expense!

Huáng xiǎo-jiě:　Qù wài-dì lǚ-xíng yào shēn-qǐng hù-zhào, hái yào
黄　小姐：　去外地旅行要　申　请护照，还要

dǎ-zhēn zhòng-dòu, zhēn má-fán.
打针　种　痘，真麻烦。

Miss Huang:　Travelling abroad entails applying for a
passport, inoculation and vaccination. It is
really troublesome.

Lǐ xiǎo-jiě:　Rú-guǒ nǐ bù xiǎng qù, jiù bǎ jī-piào bàn jià ràng gěi
李小姐：　如果你不想去就把机票半价让给

wǒ ba!
我吧！

Miss Li:　If you don't wish to go, you can let me have the
air ticket at half the price.

IV. Liàn-xí
练 习
Practice

A. Jù-xíng
句 型
Sentence Patterns

		biǎo-gé 表 格	jiāo 交		
tā 他	bǎ 把	jī-piào 机 票	ràng 让	gěi 给	wǒ 我
		chē-zi 车 子	mài 卖		

B. Wèn-dá
问 答
Questions and Answers

(1) Nǐ bú shì Huáng xiǎo-jiě ma?

你 不 是 黄 小 姐 吗 ？

Aren't you Miss Huang?

Shì-de, wǒ jiù shì

是 的，我 就 是 。

Yes, I am.

(2) Nǐ bú shì yào qù wài-dì lǚ-xíng ma?

你 不 是 要 去 外 地 旅 行 吗 ？

Don't you want to travel abroad?

Wǒ hái méi-yǒu jué-dìng.

我 还 没 有 决 定。

I have not decided yet.

(3) Nǐ bú shì yào qǐng-jià ma?

你 不 是 要 请 假 吗？

Don't you wish to apply for leave?

Shì ǎ! Wǒ yào qǐng liǎng-tiān jià.

是 啊!我 要 请 两 天 假。

Yes, I wish to apply for two days' leave.

V. Hàn-yǔ Pīn-yīn Liàn-xí
汉 语 拼 音 练 习

Pronunciational Drills with Pinyin

	an	ang	en	eng	in	ing
m	man	mang	men	meng	min	ming

词和词组索引

Index of Words and Word Compounds

dōu	都	all	8
dù-jià	度假	on vacation	26
duì-huà	对话	dialogue	20
duì-miàn	对面	opposite	9
duō jiǔ	多久	how long	3
duō-shǎo	多少	how much	3

e

ér-qiě	而且	moreover	23
èr	二	two	3

f

fàng-xīn	放心	don't worry	21
fàng-yìng	放映	screen	19
féi-zào	肥皂	soap	22
fēn-zhōng	分钟	minute	16
fēng	封	classifier	25
Fú-jiàn rén	福建人	Hokkien	2
fú-wù	服务	working; serving	6
fú-zhuāng	服装	clothes	23
fù-jìn	附近	nearby	24
fù qián	付钱	pay for	26

g

gā-lí fàn	咖喱饭	curry rice	13
gā-lí yú-tóu	咖喱鱼头	fish-head curry	11
gāo-gēn-xié	高跟鞋	high-heeled shoes	23
gāo lóu	高楼	high-rise building	16
gē-chàng	歌唱	singing	20

168

gē-gě	哥哥	elder brother	4
gé-bì	隔壁	next-door (neighbour)	9
gěi	给	to; give	6
gēn	跟	for	10
gōng-dào	公道	fair	22
gōng-gòng jià-qī	公共假期	public holiday	19
gōng-jīn	公斤	kilo	21
gōng-sī	公司	company	10
gōng-wù-yuán	公务员	civil servants	17
gōng-zuò	工作	work	3
gǒu	狗	dog	8
gòu	够	enough	13
gù-kè	顾客	customer	12
guà-hào xìn	挂号信	registered letter	**25**
guàn-tóu	罐头	tinned food	**22**
guǎng-dōng huà	广东话	cantonese	20
Guǎng-dōng rén	广东人	Cantonese	2
guǎng-gào	广告	advertisement	22
guì	贵	expensive; dear	13
guì-tái	柜台	counter	24
guó-jì xīn-wén	国际新闻	international news	17
guò-lái	过来	come over	9

h

hái	还	still	5
hái-shǐ	还是	still	3
hái-yǒu	还有	and	4

hái-zǐ	孩子	children	4
hǎo	好	fine	1
hǎo-chī	好吃	tasty	13
hào-mǎ	号码	number	10
hē	喝	drink	7
hé	和	and	4
hēi	嘿	interjection	7
hěn	很	very	1
hú-tú	胡涂	careless; muddle-headed	11
hù-zhào	护照	passport	24
huā	花	spend	25
Huá rén	华人	Chinese	2
huá-wén	华文	Chinese language	1
huá-yǔ	华语	Mandarin	1
huá-yǔ bān	华语班	Mandarin class	17
huà-zhuāng-bù	化妆部	cosmetic department	23
huà-zhuāng-pǐn	化妆品	cosmetics	23
huán-jìng	环境	environment	9
huí-lái	回来	return	10
huí-qù	回去	go back	14
huǒ-chē zhàn	火车站	railway station	15
huǒ-jì	伙计	shop assistant	12

j

jī-huì	机会	opportunity	26
jǐ	几	how many	3

lín-jū	邻居	neighbour	9
lín-shí	临时	there and then	19
líng	零	zero	3
liú	留	leave	10
liú-xíng gē-qǔ	流行歌曲	popular song	20
liù	六	six	3
lóu-xià	楼下	downstairs	8
lǚ-diàn	旅店	hotel	16
lǚ-xíng	旅行	travel	26

M

mā-mǎ	妈妈	mother	4
má-fán	麻烦	to trouble; to bother	7
Mǎ-lái rén	马来人	Malay	9
mǎ	吗	interrogative particle	1
mǎi	买	buy	15
mǎi piào	买票	buy tickets	19
mài	卖	sell	12
máo	毛	cents (to be used in units of tens)	15
méi yǒu	没有	not have	4
měi gě yuè	每个月	a month; each month	3
Měi-guó	美国	United States	4
měi nián	每年	a year; each year	3
mèi-mèi	妹妹	younger sister	4
mǐ	米	rice	22
miàn-bāo	面包	bread	12
mó-tèr	模特儿	model	23

pián-yi	便宜	cheap	22
piàn	片	slice (classifier)	12
píng	瓶	a bottle of (classifier)	12
píng-shí	平时	usually	17
píng-yóu	平邮	surface mail	25

q

qī	七	seven	3
qí-guài	奇怪	strange	8
qǐ jià	起价	increase price	21
qǐ-shēn	起身	woke up	5
qiān	千	thousand	3
qīn-qī	亲戚	relative	26
qīng-jié	清洁	clean	13
qīng-tāng	清汤	clear soup	14
qīng-zhēng yú	清蒸鱼	steamed fish	14
qù	去	go	3

r

ràng	让	to let	6
rén-jiā	人家	other	22
rén-men	人们	people	16
rì-yòng-pǐn	日用品	daily necessities	22
rú-guǒ	如果	if	19

S

sān	三	three	3
shàng-bān	上班	going to office	5
shāo-jī	烧鸡	roast chicken	14

shè-lùn	社论	editorial	17
shēn-qǐng	申请	apply	24
shén-me	什么	what	4
shèng-xià	剩下	left	26
shí	十	ten	3
shí-cháng	时常	often	22
shí-liàng	食量	capacity for eating; appetite	13
shí-zài	实在	really	11
shì-qíng	事情	matter; something	7
shì-qū	市区	city area	16
shì	是	to be	1
shōu-kàn	收看	watch	20
shòu-piào-yuán	售票员	bus conductor	15
shū-jú	书局	bookshop	15
shū-shu	叔叔	uncle	4
shú-xi	熟悉	familiar	9
shù-zì	数字	figure	3
shuāng	双	pair	23
shuí	谁	who	7
shuō	说	say; speak	2
sī-jī	司机	driver	16
sì	四	four	3
sòng	送	take	16
suàn	算	count; regarded as	20
suǒ-yǐ	所以	that is why	8

t

tā	它	it	8
tā	他（她）	he (she)	4
tài-tai	太太	Mrs.	2
tān-wèi	摊位	stall	13
táng	糖	sugar	22
tào	套	a suit	23
tè-bié wèi	特别位	circle	19
tè-jià-pǐn	特价品	special offer	22
tí-xǐng	提醒	remind	11
tǐ-yù bǎn	体育版	sports page	17
tì	替	for	7
tián	填	fill in	24

W

wā	哇	exclamation	3
wài-dì	外地	abroad	26
wǎn-cān	晚餐	dinner	5
wǎn-shang	晚上	at night	5
wèi-le	为了	for the sake of	25
wèi-shén-me	为什么	why	5
wǒ	我	I	1
wǒ-men	我们	we	2
wú-xīn jià-qī	无薪假期	no-pay leave	26
wǔ	五	five	3

X

xǐ-huān	喜欢	like	13

xià-bān	下班	after office	5
xiān-shěng	先生	Mr.	1
xiàn-zài	现在	now	3
xiāng-chǔ	相处	get along	9
Xiāng-gǎng	香港	Hong Kong	26
xiǎng	想	thinking	4
xiàng	像	such as; like	22
xiàng-piàn	相片	photographs	24
xiǎo	小	small; junior	6
xiǎo-fàn zhōng-xīn	小贩中心	hawker centre	13
xiǎo-jiě	小姐	Miss	2
Xiǎo-pō	小坡	Small Town (The part of the city north of the S'pore River)	15
xiǎo-shuō bǎn	小说版	novel page	17
xiē	些	some	4
xīn-nián	新年	New Year	21
xīn-shuǐ	薪水	salary	3
xīn-wén piàn	新闻片	newsreels	20
xīn-xiān	新鲜	fresh	21
xīng-qī-rì (lǐ-bài-tiān)	星期日 (礼拜天)	Sunday	3
xìng-kuī	幸亏	luckily; fortunately	11
xìng-qù	兴趣	interest	18
xìng-yùn	幸运	lucky; fortunate	26
xué	学	learn	1

yā	鸭	duck	21
yá-gāo	牙膏	toothpaste	22
yǎ	呀	final particle	11
yáng-ròu	羊肉	mutton	21
yǎng	养	keep; rear	8
yào	要	want	1
yě	也	also	1
yī	一	one	3
yí-dìng	一定	certainly	20
yí-hào wèi	一号位	back stalls	19
yí-yàng	一样	same	13
yǐ-hòu	以后	after	5
yǐ-jīng	已经	already	3
yǐ-wéi	以为	thought	5
yì-diǎnr	一点儿	a little	2
yì-liǎng-qiān-kuài qián	一两千块钱	one or two thousand dollars	3
yì-sī	意思	intention	19
yīn-wèi	因为	because	16
yín-háng	银行	bank	6
Yìn-dù rén	印度人	Indian	9
Yīng-guó	英国	United Kingdom	25
yīng-wén	英文	English language	1
yīng-xiào	英校	English school	1
yǐng-piàn	影片	film	19

180

zhī-dào	知道	know	21
zhī-xiàn	支线	extension	10
zhí-yuán	职员	employee; staff member	6
zhí-zhào-fèi	执照费	licence fee	25
zhǐ-hǎo	只好	have to	21
zhǐ yǒu	只有	only	3
zhōng-tóu	钟头	hour	5
zhōng-wǔ	中午	noon	11
zhǒng	种	classifier	18
zhòng	重	heavy	25
zhòng-dòu	种痘	vaccination	26
zhōu-mò	周末	weekend	18
zhōu-wéi	周围	surroundings	9
zhǔ-rén	主人	host	7
zhǔn-xǔ	准许	allow	8
zì-jǐ	自己	one's own	21
zǒu	走	go; leave	2
zuì-jìn	最近	recently; lately	8
zuó wǎn	昨晚	last night	20
zuò shì	做事	work	1

Kè-shù
课数
Lesson

B

bái děng yì-chǎng	白等一场	Wait in vain	11
bǐ-jiào hǎo	比较好	Had better; prefer	18
bié kè-qì	别客气	Don't mention	1
bié wàng le	别忘了	Don't forget	11
bú-cuò	不错	Not bad; satisfactory	9
bú jiàn-dé	不见得	Not necessarily	13
bú tài hǎo	不太好	Not very well	2
bú yào-jǐn	不要紧	Never mind	15
bù-dé bù	不得不	Have to	25
bù-dé-liǎo	不得了	Very	23
bù qīng-sōng a	不轻松啊	Not easy task	3
bù-rán de huà	不然的话	Otherwise; or else	11
bù-xíng	不行	Won't do	20

CH

chī gè biàn-fàn	吃个便饭	Have a simple meal	6
chū-le máo-bìng	出了毛病	Broke down; went wrong	5

D

dā bā-shì	搭巴士	Take a bus	15

182

183

184

6